예천
춘우재고택의
국화주와
내림음식

예천문화 기록화 사업 · 1

예천 춘우재고택의 국화주와 내림음식

초판1쇄 발행 2025년 12월 26일

기획 예천박물관
집필 박선미

주간 조승연
편집 · 디자인 오경희 · 조정화 · 오성현 · 신나래 · 박선주 · 정성희
관리 박정대

펴낸이 홍종화
펴낸곳 민속원
창업 홍기원
출판등록 제1990-000045호
주소 서울 마포구 토정로25길 41(대흥동 337-25)
전화 02) 804-3320, 805-3320, 806-3320(代)
팩스 02) 802-3346
이메일 minsokwon@naver.com
홈페이지 www.minsokwon.com

ISBN 978-89-285-2211-8 94380
S E T 978-89-285-2210-1 94380

예천 춘우재고택의 국화주와 내림음식

박선미

민속원

발간사

예천박물관의 기록화 사업은 우리 지역에서 전승되는 무형유산을 체계적으로 수집하여 미래의 소중한 자원으로 활용하기 위한 첫걸음입니다.

그 첫 번째 결실로 발간된 이 책은 세월의 흐름 속에 사라져가는 가양주家釀酒의 전통과 음식 문화를 생생하게 기록하고 있습니다. 이는 후대에도 우리 문화를 지속적으로 전승하고 연구할 수 있는 학술적 토대를 마련하고자 기획되었습니다.

수백 년의 세월을 이어온 전통문화는 한 지역의 역사를 고스란히 담아내는 그릇입니다. 예천의 품격과 선비 정신을 간직해 온 춘우재고택은 그 안에서 면면히 이어져 내려온 무형의 유산을 계승하는 소중한 공간입니다.

이곳의 국화주와 내림음식은 단순한 조리법을 넘어, 자연과 더불어 살며 귀한 손님을 정성으로 맞이했던 조상들의 공경과 나눔이라는 미덕을 오늘날에 전하고자 하는 간절한 염원을 담고 있습니다.

예천박물관은 이번 춘우재고택 기록화를 시작으로, 지역의 다양한 무형 유산을 발굴·조사한 연구 성과를 대중에게 널리 소개함으로써 지역의 풍부한 문화 자원이 다각도로 활용될 수 있는 기반을 구축해 나갈 것입니다.

끝으로 이 책이 세상에 나오기까지 가문의 소중한 전통을 기꺼이 공개해 주신 춘우재고택의 권창용 님과 조동임 님께 깊은 존경과 감사의 인사를 올립니다. 아울러 내실 있는 현지 조사와 원고 집필에 힘써 주신 박선미 선생님께도 고마운 마음을 전합니다.

2025년 12월

예천박물관장 이 재 완

차례

01

춘우재고택의 가계와 역사

1. 춘우재고택의 가계와 인물

춘우재고택春雨齋古宅은 예천 용문면 제곡리 입향조인 안동 권씨 20세世 야옹野翁 권의權檥(1475~1558)의 손자 춘우재春雨齋 권진權晋(1568~1620)이 세운 가옥이다. 현재 춘우재고택은 경북 예천군 용문면 제곡리 작은맛질에 자리한다. 예로부터 맛질마을은 금당실 마을에서 동북방면에 위치한 제곡리[渚谷里], 대제리[大渚里] 그리고 하학리下鶴里를 함께 일컫는다.[1] 현재 행정구역상 제곡리는 작은맛질, 대제리는 큰맛질에 속하는데 작은맛질과 큰맛질은 내[川]를 두고 서쪽과 동쪽에 있다. 초기 문경 송씨聞慶宋氏가 제곡리 마을을 개척하였으나 후손이 없어 사위인 밀양 손씨密陽孫氏가 터전을 이어왔다.

1 대구 · 경북향토사연구협의회, 『醴泉郡誌』 중권, 예천군, 2005, 189쪽.

춘우재고택 전경 필자 촬영

그러나 밀양 손씨도 후손이 없자 사위인 권의가 중년에 예천의 제곡리로 이주해 왔다. 이로써 권의는 처가 밀양 손씨의 터전인 예천 작은맛질에 터를 잡게 되었고 그 후손들이 지금까지 살고 있다.

1世 權幸

2世 權仁幸

⋮

9世 權仲時

10世 權守洪(僕射公)

11世 權子輿

12世 權允平(차남)

13世 權具

14世 權世珍

15世 權靭

16世 權厚

17世 權啓經

18世 權琨

19世 權士彬

20世 權檥 - 權機 - 權櫶 - 權檣

〈그림 1〉 안동 권씨 작은맛질 가계도

예천 작은맛질의 안동 권씨는 10세世 권수홍權守洪(僕射公)으로부터 권자여權子輿, 권윤평權允平(차남), 권구權具, 권세진權世珍, 권인權靭, 권후權厚, 권계경權啓經, 권곤權琨(차남), 권사빈權士彬(차남, 1449~1535), 권의로 이어진다. 『永嘉誌』에 의하면, "도기촌道岐村은 부府에서 북쪽으로 30리 떨어져 있다. 좌랑佐郎 정약鄭若의 농막이 있다. 생원生員 권사빈權士彬이 와서 살았다. 둘째 아들 충정공忠定公 벌橃이 여기서 태어났다. 맏아들 현감縣監 의檥가 그대로 살았다."[2]라고 한다. 즉, 도기촌은 안동 북후면 도촌리道村里의 도계촌을 말하는 것으로 권의의 부친인 권사빈이 서후면 송파에서 이주하여 개척한 마을이다.[3]

권사빈은 권의, 권벌權橃(1478~1548), 권예權欚(1482~1562), 권장權檣(1489~1529) 4명의 아들을 두었는데, 장남 권의는 예천 작은맛질의 입향조가 되어 맛질파[渚谷派]를 이루었고, 둘째 아들 권벌은 봉화 유곡리 닭실마을로 이주하여 닭실파[酉谷派]를 이루었다. 셋째 아들 권예도 봉화 닭실마을로 이주했으나 후손이 없다. 넷째 아들 권장은 작은맛질에 정착하였으나 후손들은 다른 지역으로 이주했다. 구봉령具鳳齡(1526~1586)이 쓴 권사빈의 묘갈명에는 4명의 아들에 관해 다음과 같이 기록되어 있다.

> "4남 1녀를 낳으니 첫째 아들 의檥는 정덕正德 정묘년(1507)에 진사과에 입격하여 음직으로 의흥 현감義興縣監을 지냈다. 둘째 아들 벌橃은 정묘년에 문과에 급제하여 의정부 우찬성議政府右贊成 등을 지냈고 충직한 기개와 지조가 있었다. 기묘사화가 일어나자 오랫동안 집에 물러나 있었다. 서용되어서는 을사사화를 만났는데 떨쳐 일어나 자신을 돌아보지 않고 극언하여 간신들의 예봉에 맞서다가 축출되어 유배지에서 세상을 떠났다. 성상께서 등극하여 그 실상을 살펴보시고는 그의 억울함을 뒤늦게 풀어주고 특별히 좌의정에 증직하였으며 '충정忠定'이

2 안동군, 『國譯 永嘉誌』, 영남사, 1991, 61쪽.
3 한국국학진흥원, 『안동권씨 춘우재고택』, 2014, 206쪽.

라는 시호를 내려 그를 기렸다. 셋째 아들 예欕는 승사랑承仕郞이고, 넷째 아들 장檣은 정덕 기묘년(1519)에 문과에 급제하여 사류의 추증을 받았으나 불행하게도 승냥이 같은 무리의 시기를 받아 외방으로 밀려나 관직이 정랑에 그치고, 일찍이 세상을 떠났다. 딸은 생원 이함李諴에게 시집갔다."[4]

권사빈의 아들들은 모두 학문에 뛰어나 여러 관직에 올랐다. 첫째 아들 권의는 의흥 현감을 지냈고, 둘째 아들 권벌은 의정부 우찬성을 역임했으며, 셋째 아들 권예는 승사랑, 넷째 아들 권장은 정랑이었다. 특히 권의와 권벌은 '백중세伯仲勢', '한 쌍의 구슬' 등으로 칭송받았다. 권의가 남긴 『야옹선생유고野翁先生遺稿』에는 33편의 시가 수록되어 있는데 대부분의 시가 동생 권벌과 주고받은 것이다.

권의는 1475년 권사빈과 파평 윤씨坡平尹氏의 첫째 아들로 태어났다. 자는 백구白懼이고 호는 야옹野翁이다. 권의는 밀양 손씨密陽孫氏 승문원 판교承文院判校를 지낸 손번孫蕃의 딸과 혼인하여 7남 1녀를 두었다. 첫째 아들 권심기權審己는 안동 도촌리로 다시 이주했고, 둘째 아들 거창공居昌公 권심언權審言(1502~1574)은 예천 작은맛질에 정착하였다. 셋째 아들 권심문權審問은 자여 찰방自如察訪을 지냈다. 넷째 아들은 충순위忠順衛 권심사權審思, 다섯째 아들은 권심변權審辨, 여섯째 아들은 성균관 생원인 권심행權審行, 일곱째 아들은 충순위 권심지權審止이다. 그리고 측실의 아들로 권심례權審禮가 있다. 딸은 종사랑從仕郞 월성 이씨月城李氏 이유李瑜에게 시집갔다.

권의는 1507년에 사마시司馬試로 진사進仕가 되었고 이후로 성균관에 유학했으나 거업擧業에 큰 뜻이 없어 향당鄕黨으로 돌아와 시문詩文과 항산恒

---

4 具鳳齡, '贈領議政公墓碣銘', 권의 · 권장 · 권심언 · 권욱 · 권담 · 권상달 · 권윤 · 권수원 지음, 곽민준 · 이지안 · 황윤정 옮김, 『花山世稿』, 한국국학진흥원, 2024, 58쪽 참고.

産에 힘썼다. 1540년 66세의 나이에 장수도찰방長水道察訪에 제수되고 이후 돈녕부직장敦寧府直長으로 옮겼다가, 1545년에 사복시주부司僕寺主簿를 거쳐 의흥 현감義興縣監으로 3년 동안 고을 사람들을 잘 이끌었으며 자급은 봉렬대부에 이르렀다. 조광조趙光祖 문하에서 수학하였고, 특히 조광조가 향약을 시행할 때 44세의 나이로 예천군의 약정約正으로 추대되어 풍화風化에 힘써 고을 사람들의 칭송을 받았다. 권의는 1558년(명종 13년) 84세의 나이로 안동 도촌리 본가에서 졸하였으며, 묘소는 예천군 하리면 부초리 함포산咸浦山에 있다. 권의는 시문집인 『야옹선생유고』를 남겼으며 이는 『화산세고花山世稿』에 수록되어 있다.

권심언은 1502년(연산군 8년) 권의와 밀양 손씨의 둘째 아들로 태어났다. 〈安東權氏居昌公系譜〉에는 권심언이 "수염이 아름다우며 풍채가 준발하고 충후적선忠厚積善하여 향당에서 장자長者라 하였다."라고 한다. 이는 권심언의 풍채가 좋고 온화한 모습임을 짐작할 수 있는 대목이다. 권심언의 자는 중택仲擇이고 음직으로 사옹원참봉司饔院參奉을 했고, 풍저창부봉사豊儲倉副奉事, 돈녕부직장敦寧府直長, 선공감주부繕工監主簿를 거쳐 사헌부감찰司憲府監察을 지냈다. 1549년(명종 4년)에는 외직으로 지례현감知禮縣監이 되고 이후 고령高靈과 거창居昌의 현감을 지내면서 많은 업적을 세웠다. 권지權祉(1504~1577)가 쓴 권심언의 만사輓詞를 통해서도 세 고을을 예악으로 다스려 힘든 백성을 잘 보살폈음을 알 수 있다(牛刀三邑惠疲癃).[5] 자급은 통훈대부通訓大夫에 이르렀다.

권심언은 용궁 전씨龍宮全氏 전회근全繪瑾의 딸과 혼인하였으나 후사를 두지 못했다. 이후 선산 김씨善山金氏 부호군副護軍 김세염金世琰 딸과 혼인하

5 權祉, '輓詞', 권심언, 『거창일고』, 곽민준 · 이지안 · 황윤정 옮김, 위의 책, 2024, 140쪽 참고.

여 4남 2녀를 두었다. 첫째 아들 권시權時는 첨정僉正을 했고, 그의 아들 권상평權常平은 감찰監察을 지냈으며 권시의 혈통을 이었다. 권심언의 둘째 아들 권욱權旭은 봉사奉事를 지냈고, 자식이 없어 동생 권담權曇의 둘째 아들 권상달權尙達을 후사로 삼았다. 권심언의 셋째 아들 권담은 좌승지左承旨에 증직되었고 직장直長을 지낸 그의 첫째 아들 권상정權尙正이 혈통을 이었다. 권심언의 넷째 아들인 권진權晉도 후사가 없어 셋째 형인 권담의 셋째 아들 권상경權尙經(1593~1633)을 후사로 들였다. 권심언은 1574년(선조 7년) 73세의 나이로 졸하였고, 묘소는 예천군 하리면 부초리 함포산에 있다. 『거창공유고居昌公遺稿』를 남겼으며 이는 『화산세고』에 수록되어 있다.

춘우재고택은 권심언의 넷째 아들 권진權晋(1568~1620)의 혈통을 계승하고 있다. 권진의 자는 경명景明 호는 춘우재春雨齋이다. 임진왜란 당시 둘째 형 매당梅堂 권욱權旭(1556~1612)과 함께 의병에 가담했고 군자감참봉軍資監參奉을 지냈다. 권욱은 학봉鶴峯 김성일金誠一(1538~1593)의 문인으로 1590년 증광시增廣試 진사에 합격하고 참봉參奉을 제수받았으며 정유재란 때 친정소수親征疏首가 되어 선무원종공신宣武原從功臣에 책록되었다. 권진도 학봉 김성일의 문인으로 영남남인의 학통을 계승했다. 배위는 예안 이씨禮安李氏 지평持平 이공李珙의 딸이다. 권진의 후사인 권상경도 아들이 없어 권상달의 아들 권윤權銃(1628~1690)이 후사를 잇도록 했다. 권진은 1620년(광해군 12년) 53세의 나이로 졸하였으며, 묘소는 예천군 용문면 제곡리 송동에 있다.

권수원權壽元(1654~1729)은 권윤과 함양 박씨咸陽朴氏 사이에서 태어났다. 자는 인백仁伯 호는 섬계剡溪이다. 일찍이 백운당白雲堂 박태화朴泰華(1612~1696)에게 수학하였으며 학문이 뛰어났다. 또한 목재木齋 홍여하洪汝河(1620~1674), 갈암葛庵 이현일李玄逸(1627~1704)의 문인이다. 권수원은 부림 홍씨缶林洪氏 홍여하의 딸과 혼인하였으므로 홍여하의 사위이기도 했다. 부림 홍씨와 2남 2녀를 두고 사별하였고 이후 영양 남씨英陽南氏 남천호南天祜의 딸과 혼인하여 2남을 두었다. 권수원은 여러 차례 향시鄕試에 들었으나 벼슬에는 운이 없었다. 권수원의 뛰어난 학문과 성품에 대해서는 홍여하의 손자이며, 권수원의 처조카인 홍대귀洪大龜(1670~1754)가 쓴 제문에서도 잘 드러난다.[6]

타고난 재능 넘치고 넘쳐	才分汎濫
문장에 오롯이 드러나니	見諸文詞
말을 엮고 뜻을 부여할 때	措辭命意
새롭고 기발하기를 힘썼습니다	務出新奇
문단에서 명성을 떨치니	雄步騷壇
장차 크게 이룰 듯했는데	將大有爲
궁달은 하늘에 달린 터라	窮達在天
초심과 끝내 어긋났습니다	初志竟違
이에 만년이 되도록	爰逮晩節
몸가짐이 덕에 부합하니	容貌德符
영민한 기개를 거두고	收斂英氣
온후한 성정 드러내셨습니다	發露和厚
가슴속이 너그럽고 호탕하여	胸懷坦蕩
남을 해치거나 탐하지 않았고	不忮不求
사람이나 사물을 대할 적에	待人接物
정성스러운 마음 곡진하였습니다	誠意綢繆

6 洪大龜, '祭文', 권수원, 『섬계공유고』, 곽민준 · 이지안 · 황윤정 옮김, 위의 책, 2024, 320~321쪽 참고.

권수원의 장남 권완權忨(1672~1757)은 동지중추부사同知中樞府事, 넷째 아들 권이權怡는 자헌대부資憲大夫 동지중추부사에 제수되었다. 3대를 추증하는 제도에 따라 권수원은 호조 참판 겸 동지의금부사 오위도총부 부총관戶曹參判兼同知義禁府事五衛都摠府副摠管에 추증되었다. 말년에는 향천鄕薦에 올랐으나 음직을 사양하고 섬계정사剡溪精舍를 짓고 노년을 보냈다. 1728년(영조 4년) 이인좌의 난 당시 75세의 고령으로 의병에 참가하기도 했으나 이듬해인 1729년 76세의 나이로 졸하였다. 현재 권수원의 묘는 예천군 상리면 명봉리 명봉산에 있으며 6대손인 권인하權人夏(1805~1889)가 묘지를 지었다. 권수원은 시와 부록으로 구성된 『섬계유고剡溪遺稿』를 남겼으며 이는 『화산세고』에 수록되어 있다.

권경하權經夏(1828~1905)는 권종모權宗模(1791~1840)와 부림 홍씨缶林洪氏의 아들로 춘우재고택에서 태어났다. 자는 제형濟亨 호는 정암正菴 또는 저수渚叟, 적암노인適菴老人이다. 풍산 류씨豐山柳氏 류승목柳承睦의 딸과 혼인하였으나 일찍 사별하였고, 이후 의성 김씨義城金氏 김구영金九永의 딸과 혼인하여 3남 4녀를 두었다. 정재定齋 류치명柳致明(1777~1861)의 문하에서 수학하고 많은 후학을 길렀다. 1905년 78세의 나이로 졸하였다. 권경하는 시문집인 『정암유고正菴遺稿』를 남겼다. 또한 오랜 세월 경학을 공부하여 『경의유편經義類編』 7권, 『언인편言仁編』, 『언경록言敬錄』 등을 남겼다.

춘우재고택은 예천 작은맛질 안동 권씨를 대표하며 권심언을 중심으로 안동 권씨 복야공파僕射公派의 거창공계보居昌公系譜를 이루었다. 이로써 춘우재고택의 가계는 안동 권씨 22世 권진으로부터, 권상경權尙經(1593~1633), 권윤, 권수원, 권완, 권중인權重寅(1704~1780), 권성봉權聖鳳(1733~1804), 권태언權台彦(1754~1771), 권종모, 권경하, 권후연權煦淵(1850~ 1935), 권상우權相佑(1867~1941), 권극섭權克燮(1900~1959), 권창용權滄庸(在庸, 1946년생), 권태황權

泰晃(1975년생)으로 이어오면서 많은 인물을 배출하였다.

20世 權檥

21世 權審言(居昌公)

22世 權晋

23世 系 權尙經

24世 系 權銃

25世 權壽元

26世 權悅

27世 系 權重寅

28世 權聖鳳

29世 權台彦

30世 系 權宗模

31世 權經夏

32世 權焞淵

33世 權相佑

34世 權克燮

35世 權滄庸

36世 權泰晃

〈그림 2〉 춘우재고택 가계도(〈安東權氏 居昌公系譜〉)

현재 춘우재 권진의 13대손인 권창용 씨와 한양 조씨漢陽趙氏 조동임(1949년생) 씨 부부가 고택을 지키며 생활하고 있다. 권창용 씨는 권극섭의 5남 5녀 가운데 넷째 아들로 가계를 계승하고 있다. 권창용 씨와 조동임 씨 부부는 2남 3녀를 두었고 맏아들 권태황은 다른 지역에서 직장생활하고 있다.

2. 유고 및 문집

춘우재고택의 후손들은 조광조 문하에서 수학한 야옹 권의의 가학을 이어왔다. 권의의 손자인 권욱과 권진은 학봉 김성일의 문인이고, 권진의 증손자인 권수원은 갈암 이현일의 문인이다. 권진의 6대손인 권성봉은 대산 이상정의 문인이고, 9대손인 권경하는 정재 류치명의 문인으로 춘우재고택의 후손들은 영남 남인의 학통을 계승하였다. 춘우재고택에서는 이들이 남긴 유고遺稿를 비롯하여 고서, 고문서, 목판, 서화류 등 1,045종 5,440점을 소장해 왔으며, 이를 2012년과 2014년 두 차례에 걸쳐 한국국학진흥원에 기탁하여 보관하고 있다.[7] 춘우재고택의 문인들이 남긴 유고와 문집의 내용을 살펴보면 다음과 같다.

『화산세고花山世稿』는 예천 용문면 제곡리에 살았던 안동 권씨 8명의 유고를 모아 정리한 문집이다.[8] 예천 제곡리 입향조 야옹 권의의 11대손인 권인하가 선조들의 유고를 모아 『화산세고』를 편찬했다. 권인하는 류치명의 문인이었는데 『화산세고』의 서문도 류치명이 작성하였다. 『화산세고』에 수록된 선조들의 유고는 모두 8편으로 『화산세고』 건乾에는 『야옹유고野翁遺稿』, 『제촌유고霽村遺稿』, 『거창공유고居昌公遺稿』가 수록되어 있고, 『화

7 한국국학진흥원, 『안동권씨 춘우재고택』, 2014, 206쪽.

8 『화산세고』에 수록된 춘우재고택 문인들의 문집에 관한 내용은 (권의 · 권장 · 권심언 · 권욱 · 권담 · 권상달 · 권윤 · 권수원 지음, 곽민준 · 이지안 · 황윤정 옮김, 앞의 책, 2024)의 자료를 참고하였음.

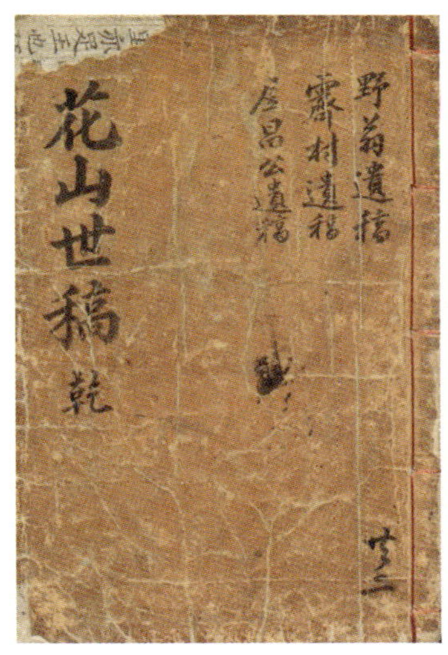

『화산세고(花山世稿)』 乾
한국국학진흥원 소장, 예천 안동권씨 춘우재고택 기탁자료

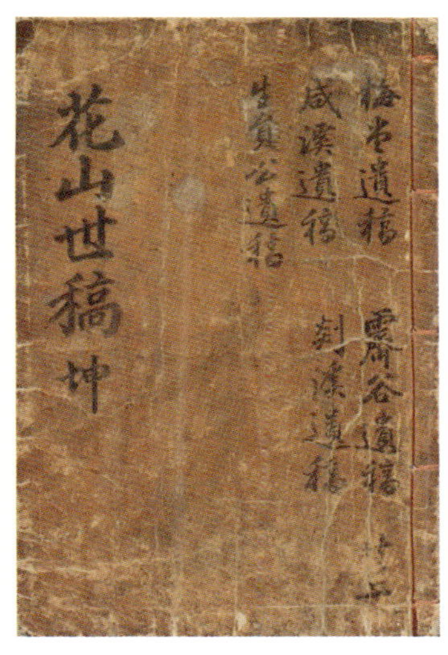

『화산세고(花山世稿)』 坤
한국국학진흥원 소장, 예천 안동권씨 춘우재고택 기탁자료

산세고』 곤坤에는 『매당유고梅堂遺稿』, 『함계유고咸溪遺稿』, 『생원공유고生員公遺稿』, 『제곡유고霽谷遺稿』, 『섬계유고剡溪遺稿』가 수록되어 있다. 이 가운데 춘우재고택의 문인들이 쓴 글은 권의의 『야옹유고』, 권심언의 『거창공유고』, 권윤의 『제곡유고』, 권수원의 『섬계유고』이다.

『야옹유고』는 야옹 권의의 시문집으로 권의가 쓴 18편의 시와 다른 사람이 지은 원시, 차운시 15편도 함께 수록되어 있다. 다른 사람과 주고받은 시의 대부분은 동생 권벌과 주고받은 것이다. 부록에는 손자 권위權暐가 쓴 묘갈문 초기, 청음淸陰 김상헌金尙憲(1570~1652)이 쓴 묘갈명, 퇴계退溪 이황李滉(1501~1570)이 쓴 권예의 묘갈명도 함께 실려있다.

『거창공유고』에는 거창공 권심언이 서구강徐九江에게 지어준 시 1편과 서구강이 권심언에게 차운한 시 1편이 수록되어 있다. 부록에는 권지權祉

(1504~1577)가 지은 만사 1편, 정온鄭蘊(1569~1641)이 지은 묘갈명 1편, 김용金涌(1557~1620)이 지은 권심행의 묘갈명 1편, 권성익權聖翊(1735~1821)이 지은 권시의 묘갈음기, 함포산 선영에 관한 기록 1편, 권인하가 쓴 야옹정기사 1편이 수록되어 있다.

『제곡유고』에는 제곡 권윤이 쓴 시 6편과 제문 1편이 실렸고, 부록으로 만사 15편, 제문 3편, 묘지 1편이 실려있다. 시는 홍여하의 시에 차운한 시 1편과 초당의 봄에 홍취한 시 1편, 금성휘琴聖徽(1622~1682)에게 쓴 시 1편, 장인어른 박감朴鑒(1602~?)에게 쓴 시 1편, 매화 화분에 쓴 시 1편, 태안 군수 박정시朴廷蓍(1601~1672)를 애도하는 만시 1편이다. 제문은 졸재拙齋 류원지柳元之(1598~1674)를 애도하는 제문으로 1편이 있다. 부록의 만사 17편은 이현일李玄逸(1627~1704), 김방걸金邦杰(1623~1695), 이화익李華翊(1644~1708), 박정설朴廷薛(1612~1693), 권희열權希說(1649~?), 류의하柳宜河(1616~1698), 류만하柳萬河(1624~1711), 황염黃琰(1643~1698), 변지두邊之斗(1621~?), 류후장柳後章(1650~1706), 김여신金礪臣, 권두인權斗寅(1643~1719), 권태경權泰慶(1626~1690), 권두경權斗經(1654~1725), 권기權愭(1650~1704)가 썼고, 제문은 김태일金兌一(1637~1702), 묘지는 권기가 썼다.

『섬계유고』에는 섬계 권수원이 쓴 시 15편이 수록되어 있고, 그 가운데 만시가 3편이다. 부록은 제문 3편, 만사 1편, 묘지명 1편이 수록되어 있다. 만시는 삼종질 권염權濂(1655~1716), 동지 김영진金英震(1629~1723), 진산 군수 이령李玲(1653~1700)을 애도하는 만시이다. 제문은 홍대귀洪大龜(1670~ 1754), 정박鄭樸, 박용상朴龍相(1680~1739)이 썼고, 만사는 홍만적洪萬績(1660~?), 묘지명은 권인하가 썼다.

『정암유고』는 정암 권경하의 시문집으로 후손 여럿이 필사하여 남겼다. 한국국학진흥원에 기탁한 『정암유고』는 서문과 발문이 없어 편집 경위와 필사 연도를 알 수 없으나 권1~3에 시 227수, 만사 92수, 소疏 4편, 서書 106편, 잡저 5편, 권4~5에 뇌사誄辭 2편, 제문 41편, 행록 2편, 광기壙記 1편, 유사 5편 등이 수록되어 있다.[9] 권경하는 다양한 유형의 글을 다수 남겼다.

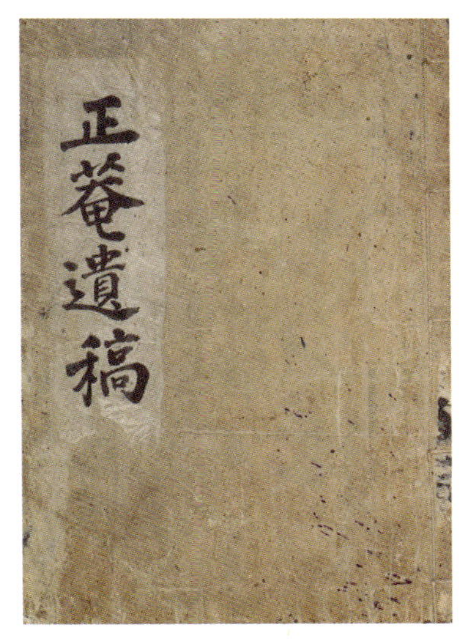

『정암유고(正菴遺稿)』
한국국학진흥원 소장, 예천 안동권씨 춘우재고택 기탁자료

그 가운데 『경의유편』은 권경하의 경학 관련 자료로 퇴계 이황, 갈암 이현일, 밀암 이재, 대산 이상정, 정재 류치명 등의 문집을 연구하여 관련 학설을 채집하고 분류한 것이다.[10] 즉 책의 내용은 「대학大學」, 「중용中庸」, 「대학상大學上」, 「대학하大學下」, 「중용상中庸上」, 「중용하中庸下」, 「논어論語 · 맹자孟子」, 「대학大學 · 논어論語 · 맹자孟子」, 「주역周易 · 계사繫辭 · 계몽啓蒙 · 전의傳疑」, 「심경心經」, 「심경상心經上」, 「심경하心經下」, 「근사록近思錄」, 「주서절요朱書節要」, 「태극도太極圖」, 「사칠이기四七理氣」, 「이기理氣」, 「사단四端 · 칠정七情 · 사칠이기四七理氣」, 「심心 · 인심도심人心道心 · 인심人心」, 「성명性命 · 심성心性 · 인의예지仁義禮智 · 인仁」 모두 20책으로 구성되어 있다. 이는 권경하의 학문적 특성은 물론이고 춘우재고택에 계승되는 후손들의 학풍도 이해할 수 있는 자료이다.

9 한국국학진흥원, 『안동권씨 춘우재고택』, 2014, 52쪽.
10 한국국학진흥원, 위의 책, 2014, 53쪽.

『경의유편(經義類編)』 한국국학진흥원 소장, 예천 안동권씨 춘우재고택 기탁자료

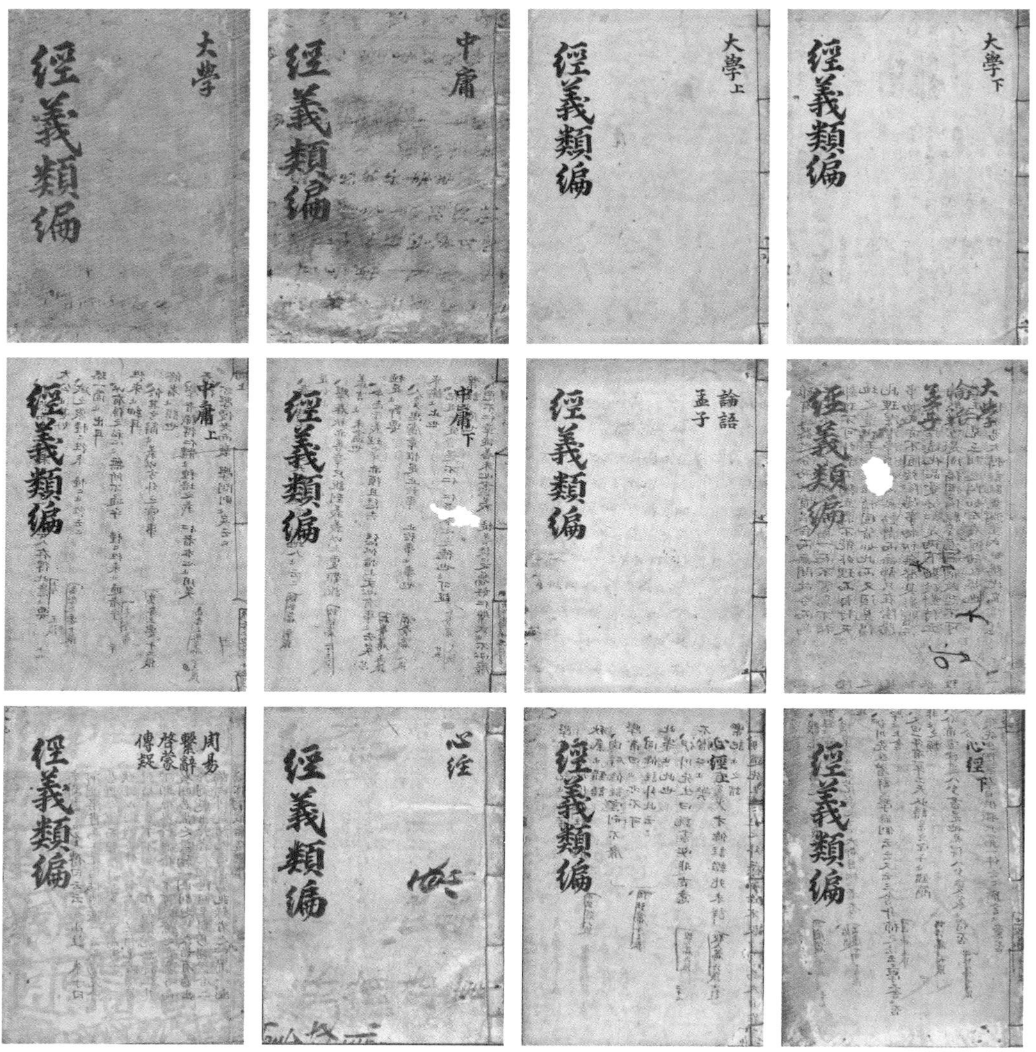

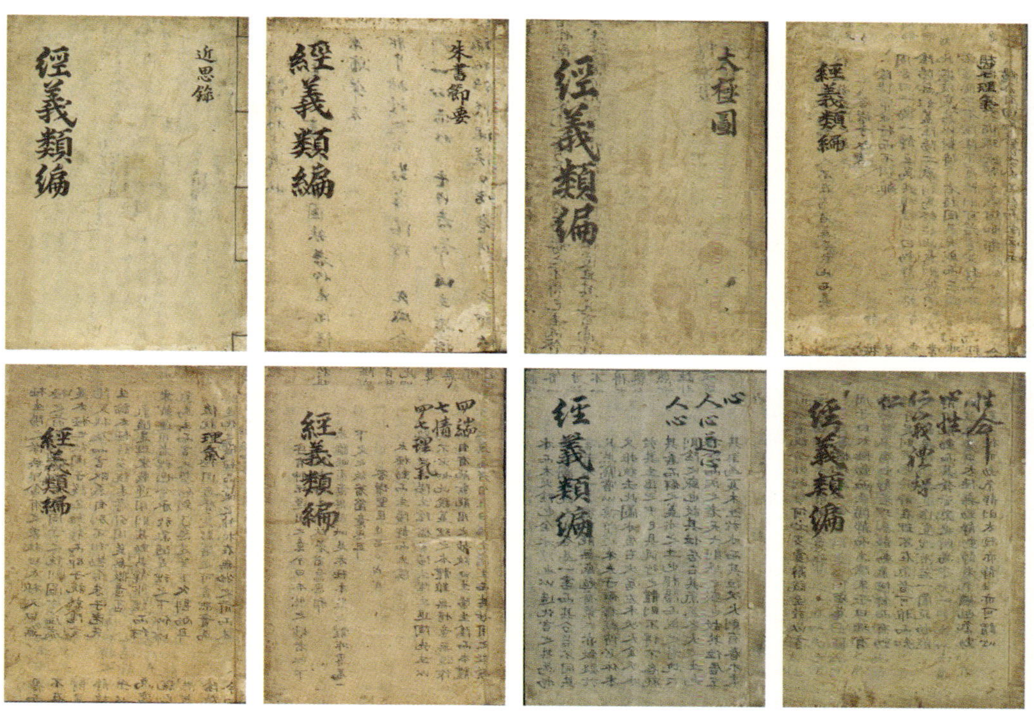
經義類編
近思錄
經義類編
朱書節要
經義類編
太極圖
經義類編
經義類編
經義類編
經義類編
經義類編

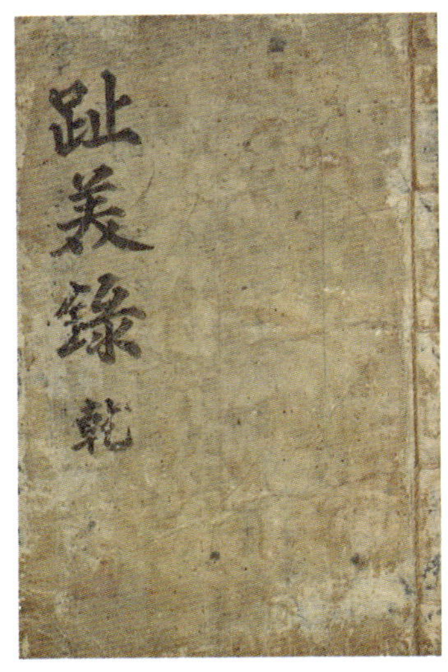

『지미록(趾美錄)』 乾
한국국학진흥원 소장, 예천 안동권씨 춘우재 고택 기탁자료

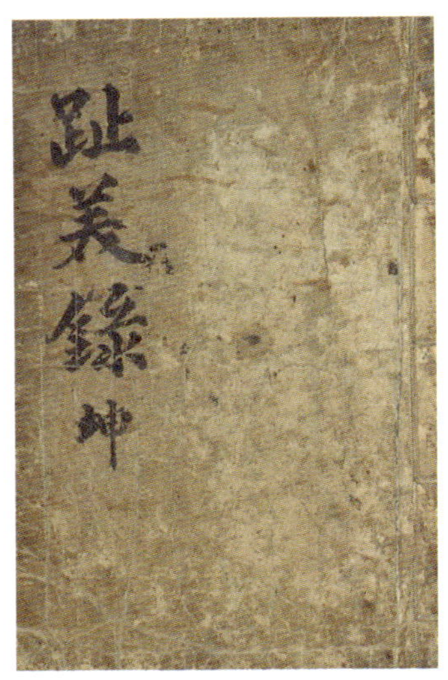

『지미록(趾美錄)』 坤
한국국학진흥원 소장, 예천 안동권씨 춘우재 고택 기탁자료

권경하는 선조들의 유고를 모아 『지미록趾美錄』을 편찬하였다. 『지미록』은 건乾, 곤坤 2책으로 만든 것으로 건 책에는 권상경權尙經(1593~1633)의 『시정공유고寺正公遺稿』, 권완權熍(1672~1757)의 『동추공유고同樞公遺稿』, 권식權栻(1680~1753)의 『청백당유고淸白堂遺稿』, 권중인權重寅(1704~1780)의 『처사공유고處士公遺稿』가 수록되어 있고, 곤 책에 권성봉權聖鳳(1733~1804)의 『용암유고龍巖遺稿』, 권종모權宗模(1791~1840)의 『처사공유고處士公遺稿』 등이 수록되어 있다. 이와 같이 춘우재고택의 후손들이 남긴 유고는 후대에 『화산세고』, 『지미록』 등으로 편찬되었다.

3. 건축물

1) 춘우재고택春雨齋古宅

춘우재고택의 이름은 춘우재 권진의 호에서 따 온 것이다. 춘우재는 '봄비가 내린다'는 뜻이다. 고택은 마을 진산인 작약산芍藥山 기슭 평탄한 곳에 자리 잡고 있다. 내성천 건너 학가산鶴駕山을 안산으로 한 동남향이다. 고택은 1600년대 초에 처음 지었으나 불에 타고 1800년대에 다시 세워졌다. 고택은 안채와 문간채로 이루어진 정침과 사당으로 구성되어 있다.

정침은 'ㅁ'자형으로 전면에 '一'자형 문간채가 있고 안쪽에는 'ㄷ'자형 안채가 있으며 정면 5칸, 측면 2칸의 맞배지붕 기와집이다. 안채는 대청을 중심으로 왼쪽은 안방이 있고 좌익사를 이루고, 오른쪽은 상방으로 우익사를 이루고 있다. 문간채는 정면 3칸 측면 1칸으로 왼쪽에 마구간과 마루, 오른쪽에는 문간방과 마루를 각각 1칸씩 두었다. 양쪽 마루는 뒤쪽으로 한 칸씩 연장하여 좌우 양 익사를 구성하고 있다. 안채 전면에는 반칸 크기의 툇마루를 둔 안대청을 중심으로 왼쪽에는 2칸 규모의 안방과 부엌이 이어져 있고, 안방을 대청 쪽으로 1칸 반을 연장하여 뒤편 반칸을 방으로 쓴다. 대청 오른쪽에는 상방, 고방, 작은 부엌, 사랑방이 일렬로 있다.

사당은 정침의 서북쪽에 있으며 정면 3칸, 측면 2칸 규모이다. 정침을 기준으로 살림채의 서쪽에 사당을 배치하는 것은, 서쪽이 해가 지는 陰의 방위이므로 죽은 조상을 생자와 구분하기 위하여 음의 방위에 조상을 모셔야 한다는 인식에 따른 것이고, 정북형은 뒤쪽으로 갈수록 고도가 높아지므로 집터에서 가장 높은 곳에 조상을 모신다는 생각에 근거한 것이다.[11] 실제 춘우재고택의 사당은 살림채의 서북쪽에 있으면서도 살림채보다 지대를 조금

춘우재고택 필자 촬영

춘우재고택 사당 필자 촬영

춘우재고택 사당 내부 필자 촬영

권창용 씨 고조부 고비 신주 필자 촬영

더 높여 지었다.[11] 이를 통해 살아 있는 사람보다 조상을 우선하고 예우한다는 사실을 알 수 있다. 사당 안에서도 동쪽에서부터 서쪽으로 아버지, 할아버지, 증조할아버지, 고조할아버지 순으로 신주를 모신다. 주독에는 고위와 비위의 신주를 함께 넣어 감실龕室에 모시고 있다.

그리고 정침과 사당 사이에 있는 넓은 텃밭에는 고추, 호박, 가지, 참나물 등의 제철 채소뿐만 아니라 여러 종류의 과실나무와 계절에 어울리는 꽃들이 심겨 있다. 그 가운데서도 해마다 가을이면 피는 국화는 관상용뿐만 아니라 식용으로도 쓰인다. 춘우재고택의 국화는 국화주 · 국화차 · 국화챗물 · 국화전 등의 주재료로 활용된다. 현재 춘우재고택은 예천 제곡리에 있으며 1993년에 경상북도 민속문화유산(지정 당시 경상북도 민속자료 제102호)으로 지정되어 있다.

2) 야옹정野翁亭

야옹정은 거창공 권심언이 아버지 야옹 권의를 추모하고 업적을 기리기 위해 1566년(명종 21년)에 창건한 정자이다. 권심언은 야옹정을 짓고 후학양성에 힘썼다. 야옹정 대청 중수기에 '가정병인창嘉靖丙寅創'이라는 기록이 있고, 지붕 기와와 암막새 내림새에도 같은 글이 있어 1566년에 지어졌다는 것을 짐작할 수 있다.[12] 그뿐만 아니라 야옹정은 임진왜란 이전에 지어진 건축물로

---

11 권창용(남, 1946년생)의 구술(2025년 7월 29일, 춘우재고택).

12 후손인 권인하가 쓴 '야옹정기사(野翁亭記事)'에는 "정자는 모두 10칸이다. 망새에 '가정(嘉靖) 병신(丙申)(1536))'이라 적혀 있고, '가정(嘉靖) 병인(丙寅)(1566)'이라 적혀 있기도 하니, 지금으로부터 300여 년 전이다. 퇴암공(退巖公)의 가문에서 "공의 아들 거창공이 지은 곳이다."라고 하였으니, 선친의 유업을 이은 훌륭함을 알 수 있고, 옥산공(玉山公)이 읊조린 시에서는 "저 옛날 명나라 때 안동에서 이주하여 정자를 세웠네."라고 하였다."는 기록이 있다. 權人夏, '野翁亭記事', 권심언, 『거창공일고』, 곽민준 · 이지안 · 황윤정 옮김, 앞의 책,

야옹정 전경 필자 촬영

초기의 모습을 잘 보존하고 있고 당시의 막새기와와 단청이 그대로 있어 임진왜란 이전 건축 연구에 있어서 중요한 자료이다.

야옹정은 주 건물인 정자를 중심으로 대문채는 정자 왼쪽 전면에 있고, 정자 주위로는 토담을 쌓고 기와를 올렸다. 정자의 평면은 정면 4칸 측면 3칸 규모의 '丁'자형으로 좌측 3칸은 대청으로 이루어져 있고, 우측 전면에는 누

2024, 154쪽.

야옹정 필자 촬영

마루 1칸, 배면에는 온돌방 1칸이 앞으로 나와 있다. 대청은 겹처마의 팔작지붕에 기와를 얹었고, 우측 온돌방은 맞배지붕으로 되어 있다. 정자 좌측의 전면과 배면에 반 칸 규모의 툇칸을 두고 그 아래에는 누하주樓下柱로 나무기둥 6개를 세웠으며 전면 툇칸은 툇마루로 쓰도록 했다. 배면의 툇칸은 후대[崇禎年間]에 만들어졌으나 기존 정자와 잘 어울리도록 설치했다.

한편 야옹정은 조선 초기 건축물에서 확인되는 일출목 주심포계열의 목조건축 구조를 이룬다. 특히 봉정사 극락전 등에서 볼 수 있는 평고대와 착고막이를 하나의 부재로 만든 구로대를 사용하는 기법을 쓰고 있다. 이는 건물의 역사성은 물론이고 처마의 곡선과 경사가 자연스럽게 이어져 정자의 미적 가치를 높인다. 야옹정은 건립 초창기의 막새기와, 단청이 그대로 남아 있어 임진왜란 이전 건축 연구에 중요한 자료로 인정받아, 1987년 5월 13일 경상북도 유형문화재(현 유형문화유산)로 지정되었다가 2016년 9월 9일 국가유산 보물로 승격되었다. 현재 야옹정은 예천 제곡리에 있으며 2018년 8월에 보수공사를 시작하여 2021년 9월에 완료하여 2025년 4월 16일 중수 기념식을 개최하였다.

3) 함포재사咸浦齋舍

함포재사는 안동 권씨 제곡리 입향조인 권의와 아들 권심언, 손자 권시權時(1552~1612), 권욱權旭(1556~1612), 권담權曇(1556~1631) 등의 묘지를 지키기 위해 지은 재사이다. 건물 전면에는 4칸 규모의 누각을 세웠고, 그 뒤로 재사가 있다. 재사와 누각 사이 좌우에는 4칸 규모의 서재西齋가 있으며, 2칸 규모의 대문채도 두었다. 재사는 정면 5칸, 측면 5칸 규모의 팔작지붕 기와집으로 이루어져 있다. 재사의 가운데 3칸은 대청으로 두었고 좌우에 1칸 규모

함포재사 필자 촬영

함포재사 누각 필자 촬영

의 온돌방을 둔 중당협실형이다. 현재 함포재사는 예천군 부초리에 있으며 2003년에 경상북도 문화유산자료(지정 당시 경상북도 문화재자료 제455호)로 지정되었다.

4) 함취정咸聚亭

함취정은 매당 권욱의 업적을 기리고 추모하기 위해 1643년(인조 21년)에 세운 정자이다. 건립 이후 권의, 권장權檣, 권욱의 제향 공간으로도 이용하고 있다. 정자는 정면 3칸, 측면 2칸 규모의 팔작지붕 기와집으로 이루어져 있고, 정자 주위는 토담을 두르고 기와를 얹었다. 정자는 마루방을 중심으로

함취정 필자 촬영

좌우에 온돌방을 두었으며 전면 칸은 통칸으로 툇마루로 이루어져 있다. 현재 함취정은 예천군 제곡리에 있으며, 2017년에 경상북도 문화유산자료(지정 당시 경상북도 문화재자료 제654호)로 지정되었다.

5) 연곡고택延谷古宅

연곡고택은 야옹 권의의 8대손인 연곡延谷 권성익權聖益(1735~1821)이 1795년(정조 19년)에 지은 집이다. 권성익은 7세에 사륙부四六賦를 짓고, 14~15세에는 사서 육경四書六經을 모두 배울 정도로 재주가 뛰어났으며 사복시정司僕寺正에 증직되었다. 늦게는 후진을 모아 효제孝悌를 가르치고 풍속의 순화에도 힘썼다. 『연곡유집延谷遺集』 2권 외에도 「성지위천명性之爲天命」, 「성리설변性理說辨」 등의 여러 글을 남겼다.

고택은 전형적인 조선후기 경북 북부지역 반가의 건축 형식을 갖추고 있다. 고택의 건물은 정침, 사당, 대문채 등으로 이루어져 있으며 마을 뒷산을 배경으로 동남쪽을 향하고 있다. 대문채를 들어서면 마당을 지나 살림채인 정침이 있고 그 오른쪽에는 사당이 있다. 정침은 측면 7칸, 측면 6칸 규모의 'ㅁ'자형이며, 'ㅡ'자형의 사랑채가 앞에 있고 'ㄷ'자형의 안채가 있다. 안채는 정면 3칸 규모의 안대청을 중심으로 왼쪽에는 안방과 부엌, 안대청이 있고, 오른쪽에는 마리고방, 마루방, 상방, 상방부엌, 책방이 있다. 사당은 정면 3칸, 측면 2칸 규모의 맞배지붕으로 이루어져 있다. 연곡고택은 1993년 11월 경상북도 민속문화유산(지정 당시 경상북도 민속문화재 제103호)으로 지정되었다.

연곡고택 필자 촬영

연곡고택 사당 필자 촬영

02

춘우재고택의 국화 기록과 재배

춘우재고택에서는 해마다 고택 마당에 피는 노란 국화로 가양주인 국화주를 만들어 왔다. 춘우재고택에서는 전통적으로 국화를 재배하여 술 외에도 차茶, 부식 재료, 약용 등 다양하게 활용해 오고 있다. 그러나 춘우재고택에서 언제부터 국화를 길러 식용해 왔는지 정확하게 알 수 없다. 다만 춘우재春雨齋 권진權晋(1568~1620)의 증손자인 섬계剡溪 권수원權壽元(1654~1729)이 남긴 시詩에 처음으로 국화 기록이 나타난다.

「次景運乞菊」[13]

歸去田園阻玉墀	전원으로 돌아간 뒤라 조정 소식 까마득하고
閑中清趣入新詩	한가함 속에 맑은 정취를 새 시에 담아냈구나

13 權壽元, '次景運乞菊', 『섬계유고(剡溪遺稿)』, 곽민준 · 이지안 · 황윤정 옮김, 앞의 책, 2024, 314쪽.

춘우재고택 국화 김민철 촬영

춘우재고택 국화 김민철 촬영

東籬我有陶翁物	내 동쪽 울타리에 도옹의 국화 심겨 있는데
分送何妨得雨移	나눠 보내니 비 올 때 옮겨 심으면 문제없으리

위의 시는 섬계공 권수원이 경운景運의 시 「국화를 구하며」에 차운한 것이다. 경운은 권의의 7대손인 권만추權萬樞(1679~1730)의 자字이다. 권만추의 호는 퇴암退巖이며, 1705년에 문과에 급제하여 예조정랑禮曹正郎, 구례현감求禮縣監 등을 역임하였으며 1728년 이인좌의 난에 의병대장으로 공을 세워 좌랑佐郎을 제수받았다.[14] 구례현감 당시 좋은 치적으로 거사비去思碑를 받

14 한국국학진흥원 · 영남유교문화진흥원 엮음, 『慶北儒學人物誌』 上, 경상북도, 2008, 105쪽 참고.

고 은퇴하여 향리에서 후학을 길렀다. 섬계공 시의 앞부분은 경운의 시에 대한 감상을 이야기하고 있으며, 뒷부분은 권만추가 국화를 구한다는 시에 권수원이 집의 동쪽 울타리에 있는 국화를 나눠주겠다고 하면서 국화는 비가 올 때 심는 것이 좋겠다는 의견을 준 것으로 이해된다. 권수원과 권만추는 25년이라는 세월의 차이는 있지만 한 마을에서 시를 주고받으며 지냈던 것으로 보인다. 두 사람이 주고받은 시의 내용을 통해 당시 춘우재고택에서 국화를 기르고 있었다는 것을 짐작할 수 있고, 그 국화를 나누어 심기도 한 것으로 보인다. 권진의 13대손인 권창용權滄龍(1946년생) 씨는 섬계공 이전부터 국화를 재배하였을 것으로 짐작하지만 구체적인 기록이 없어 확인하기 어렵다.

춘우재고택의 국화는 황국黃菊으로 꽃잎이 겹겹이 있는 겹꽃 국화이다. 꽃의 지름은 약 2~3cm 정도이고 꽃잎이 다소 크고 풍성한 편이며 짙은 황색을 띤다. 춘우재고택의 국화는 토종 황국, 즉 토종 국화라고 한다. 춘우재고택의 토종 국화는 다른 국화 품종에 비해 꽃의 크기도 큰 편이고 향기도 좋다고 한다.

> 다른 국화를 여기(춘우재고택 마당)에 심으면 국화가 안 돼요. 그래서 이 근방에는 우리가 다른 국화를 못 심어요. 우리 국화 말고 다른 품종 이쁘다고 갖다 심으면 이게 이상하게 국화가 안 되요. 모양도 안되고 그래서 우리집 근방에는 다른 국화를 안심어요. 다른 집 국화는 요즘 신품종으로 색깔도 여러 가지 있던데 우리 국화는 아주 크고 옛날 그대로 내려오는 거라 꽃도 변함이 없어요. (국화)차 하는 국화 그런 거는 아무리 해도 냄새도 안 나고 약간 쓴맛 같은 것도 있어요. …(중략)… 우리 국화는 향이 아주 별나요. 우리 국화가 좋은 게 뭐냐 하면은 다른 국화는 안그런데 우리 국화는 향에 좋고 독성이 없어요. 그러니까 마음 놓고 먹을 수

가 있어요. 국화가 좀 굵고 그래요. 요즘 국화들은 제독해야 먹을 수 있는데 우리 국화는 그런 분류 없이 바로 차를 만들어 먹을 수가 있어요. 말려서 놔두면 바로 차로 만들 수가 있고. 말릴 때는 햇볕에 말리면 안 되고 음지에 말려야 해요. 그래야 (국화) 색깔이 노랗게 잘 나고 물도 노랗게 잘 우러나요.[15]

위의 권창용 씨의 구술에서도 춘우재고택에서 오랜 세월 국화를 길러왔음을 짐작할 수 있다. 언제부터 국화를 심어 길러온 것인지는 정확하게 알 수는 없지만 선조 대부터 심어온 국화만 기르고 있다는 점에서도 확인된다. 권창용 씨에 의하면 다른 품종의 국화를 몇 차례 심어봤으나 고택 마당에서 잘 자라지 못한다고 한다. 즉 오랫동안 심어온 토종 국화만 지금까지 기르고 있다. 한편 국화가 독성이 있으면 제독을 해서 차로 만드는 예도 있는데 춘우재고택의 국화는 독성이 없어서 제독하지 않고 말려 두었다가 바로 차로 마실 수 있다. 또한 국화로 차와 술을 만들어도 쓴맛이 나지 않고 달며 국화향이 '아주 별나다'고 한다.

우리 국화는 옛날에 많이 있었어요. 그런데 집수리를 우리가 한 8년 정도 하고 그다음에 전체 수리를 또 한 번 했어요. 1970년대 후반에 집수리를 8년 했어. 그 뒤로도 좀 하다가 2024년도에 마쳤어요. 그러다 보니까 풀숲이고 뭐고 없어졌는데 저 끝에 북쪽에 그 국화가 남았더라고요. 근데 그건 딴 집에는 없어요. 그래서 그걸 이제 늘렸지.[16]

---

15 권창용(남, 1946년생)의 구술(2025년 7월 29일, 춘우재고택).
16 권창용(남, 1946년생)의 구술(2025년 7월 29일, 춘우재고택).

국화 수확 김민철 촬영

수확한 국화 김민철 촬영

춘우재고택은 1970년대 후반부터 8년 동안 집수리를 하고, 그 이후로도 집수리를 몇 차례 하면서 2024년에 집수리를 끝냈다. 이처럼 오랫동안 집수리를 하면서 국화 재배와 관리를 잘 하지 못했다. 집수리하는 과정에서 국화가 많이 사라지게 되었고 집 한편에 조금 남아 있던 국화를 몇 차례 옮겨 심으며 지금까지 재배해 오고 있다.

국화 가지자르기 필자 촬영

우리나라의 국화 재배에 관한 기록은 일찍이 나타나는데, 1450년경 전순의全循義가 쓴 농서인 『산가요록山家要錄』에 의하면, 국화는 "농작물 심지 않은 땅에 심는 것이 좋다. 좋은 물을 뿌려준다. 3~4월에 구덩이를 판 다음 거름과 물을 넣고 섞어 진흙을 만들고 나누어 심는다. 구덩이마다 2줄기를 한 그루로 하여 심으면 아주 잘 자란다."[17]라고 한다. 춘우재고택에서도 농작물을 심지 않은 곳에 이랑을 만들어 2~3줄기를 한 그루로 하여 국화를 심는다.

국화꽃 수확은 양력 11월 초순에서 중순 사이에 첫서리가 오기 전에 한다. 이때 꽃은 중간쯤 핀 상태인데 모두 수확해서 채반에 얹어 음지에서 말린다. 국화꽃을 음지에서 말려야 국화 본연의 황색을 살릴 수 있다. 그리고 국화꽃을 모두 수확하고 난 뒤에 국화 가지는 포기 위의 15cm 내외만 남기고 모두 잘라준다. 국화 가지를 잘라주어야 이듬해 봄에 새순이 나오기 때문이다. 국화 가지를 자르지 않고 그대로 두면 이듬해에 국화꽃이 잘 열리지

17 전순의 지음, 홍기용 · 윤태순 옮김, 『山家要錄』, 농촌진흥청, 2004, 60~61쪽.

않는다.

수확한 국화 중에서 꽃이 덜 핀 것은 잘 말려서 국화차로 이용하고, 국화꽃이 많이 핀 것은 국화전을 부치는 데 쓴다. 국화꽃이 적당하게 핀 것은 국화주에 이용하기도 하고 국화잎을 들어서 국화챗물을 만들어 먹기도 한다. 국화 뿌리는 겨울철에 감기약으로 활용한다. 국화 뿌리에 대나무잎, 밤, 대추, 실파 뿌리, 배, 곶감 등을 함께 넣고 끓인 감기약은 남녀노소 모두 먹을 수 있다. 춘우재고택의 국화는 꽃잎뿐만 아니라 뿌리까지 식용과 약용으로 활용하고 있다.

이와 같이 춘우재고택에서는 국화를 다양하게 활용하는 편이지만 대부분의 국화는 국화주에 이용한다. 춘우재고택에서는 1년 동안 4대조의 기제사와 명절 차례에 쓰일 제주로 국화주를 올렸으며 평소 손님이 방문하면 국화주를 대접하기도 했다. 한 집안의 내림음식은 주변에서 구할 수 있는 재료를 활용하는 경우가 많은데, 춘우재고택에서는 고택 마당에서 기른 국화를 활용하여 국화주를 만들어 온 것이다. 즉 춘우재고택에서는 봉제사와 접빈객을 위한 술로 국화주를 담갔고 이 국화주는 춘우재고택의 가양주로 전승되고 있다.

03

춘우재고택의 국화주 만드는 법

한양 조씨漢陽趙氏 조동임(1949년생) 씨는 춘우재 권진의 13대손인 권창용 씨와 1974년 5월에 혼인하고 그해 가을부터 시어머니와 함께 국화주를 담그기 시작했다. 경북 영양군 주실마을 출신인 조동임 씨는 시집오기 전 친정어머니와 올케가 국화주 담그는 것을 봤으나 직접 술을 담가 본 적은 없었다. 그러나 친정어머니가 국화주 만드는 것을 옆에서 지켜본 경험이 시집와서 국화주 담그는 데 큰 도움이 되었다.

> 사랑어른이 양조장을 하다가 사촌한테 넘기고 사촌도 이제는 양조장을 안 하고 다 끝나고 난 뒤에 술 단지를 우리 집에 다 가져와서 저기 (마당에) 가져다 놨어요. … (중략) … 시집오니 조금씩 조금씩 이제 손님 접대하는 음식으로 (술을) 조금씩 하지 저 양조장에서 쓰는 큰 단지 같은 거에는 못하죠. 한 두 말 그러면 닷되짜리 4개쯤 나오면 1년 손님 치고 남 퍼주고 그러고. 이제는 조금 더 많이 하기

는 하지만. 꽃이 거기(친정)하고 다르다 참말로 꽃도 그렇고 누룩도 그렇고, 물도 다르고 똑같을 수 없어. … (중략) … 옛날에 우리 시누들이 이야기하던데 국화를 따서 누룩하고 밥 해서 땅에 묻었대요. 가을에 해서 땅에 묻어놨다가 봄 되면 국화주가 그렇게 맛있다고 하더라고요.[18]

1970년대 춘우재고택에서는 1년에 국화주 두 말 정도 담가서 제주로 쓰고 손님에게도 대접했다. 국화주 두 말이면 약 36L 정도인데 필요할 때 두어 번 나누어 담갔다. 지금처럼 술을 보관하는 것이 쉽지 않으므로 한 번에 많이 담그지 않았으며 술을 담그면 1~2개월 이내에 소비했다. 즉 국화주는 사용하기 1개월 전쯤 만들어 둔다. 당시 가을에 수확한 국화로 국화주를 빚어서 땅에 묻어 두었다가 봄에 꺼내 먹기도 했는데 겨울 동안 숙성된 국화주 맛이 일품이었다고 한다.

한편 권창용 씨의 부친 권극섭權克燮(1900~1959)은 약 10년 동안 양조장을 운영한 경험이 있다. 이후 양조장 운영을 그만둔 뒤에는 부친의 사촌이 그 일을 이어받았다. 당시 부친은 맛질양조장, 하리양조장 두 곳을 운영했는데 맛질양조장은 10년간 운영 후 문을 닫았고, 하리양조장은 사촌과 그의 아들이 1990년까지 이어서 운영하였다. 현재 춘우재고택 앞마당에는 하리양조장에서 사용하던 술독이 남아 있다. 이와 같이 권창용 씨의 부친과 일가가 양조장을 운영하였을 만큼 춘우재고택의 사람들은 예로부터 술 빚기에 깊은 관심을 가져온 것으로 보인다.

양조장에서 술 주조가 남성들을 중심으로 이루어졌다면 춘우재고택의 가양주인 국화주 만드는 법은 여성인 주부를 중심으로 전승되었다. 조동임 씨

18 조동임(여, 1949년생)의 구술(2025년 7월 4일, 춘우재고택).

가 시집오기 전에는 시누이들이 시어머니를 도와 국화주를 빚었고, 시집온 이후에는 시어머니와 함께 본격적으로 국화주를 만드는 데 참여했다. 즉 시어머니의 국화주 만드는 법은 오롯이 조동임 씨에게 전승되어 이어오고 있다.

> 찹쌀은 20키로하고 4키로는 따로 고두밥을 해요. 찹쌀 20키로를 8시간 불리고 옛날에는 가마솥에 대나무 채반 두고 불린 찹쌀 20키로 넣어서 40분간 고두밥을 찌죠. 몇 차례 쪄요. 한 번에 다 못 찌니까. 그전에는 채반 위에 광목천을 썼는데 이제는 합성 섬유로 된 천으로 바꿨어요. 그러면 밥을 쪄도 안 들러붙죠. 고두밥 말릴 때는 보들보들해지도록 다 부서지도록 이렇게 만져야 돼요. 밥하고 엿 기름하고 물을 섞어서 하면 나중에 짜기가 더 좋아요. 13~14시간 뭉근하게 삭혀서 감주처럼 만들고 완전히 식으면 항아리에 붓고 찹쌀 4키로하고 국화 1키로 하고 고두밥을 쪄서 누룩하고 자루에 넣어서 넣어요. 딴 집에는 고두밥을 쪄서 바로 넣어버리면 쉽잖아요. 우리 집은 특이하게 요게 달라. 다른 집하고 달라요. 술 담근 지 4~5일 정도 지나면 와글와글 술이 익고 2일 더 지나면 가라앉으면 먹어도 돼요. 2~3개월 숙성시키면 더 맛있죠. 숙성되는 건 온도하고 날씨에 따라 조금씩 달라요.[19]

위의 조동임 씨의 구술과 필자가 국화주 담그는 것을 관찰한 것을 토대로 춘우재고택의 국화주 만드는 법을 정리하면 다음과 같다. 춘우재고택의 국화주는 밑술에 덧술(덧밥)을 하는 이양주이다. 밑술의 재료는 찹쌀 20kg, 엿기름 4kg, 물 40L이고, 덧술의 재료는 찹쌀 4kg, 누룩 3kg, 말린 국화 1kg이다.

---

19 조동임(여, 1949년생)의 구술(2025년 7월 29일, 춘우재고택).

먼저 밑술을 만들기 위해 찹쌀로 고두밥을 하는데 찹쌀 20kg을 씻어서 8시간 정도 불려두었다가 쓴다. 가마솥에 대나무 채반을 두고 보자기를 깐 다음 그 위에 불린 찹쌀을 얹어 고두밥으로 찐다. 과거에는 가마솥에 불을 때어 고두밥을 했으나 요즘에는 양은솥에 가스 불로 고두밥을 한다. 그리고 채반 위에 얹는 보자기도 광목천을 이용하다가 합성섬유로 만든 천으로 바꾸었는데 찹쌀이 천에 들러붙지 않고 잘 떨어진다. 완성된 고두밥은 잘 식히는 것이 중요했으므로 밥알이 부서지도록 으깨어 보드라워지도록 했다.

밑술의 마지막 과정은 고두밥과 엿기름 4kg, 물 40L를 섞어 약한 불에 13~14시간 정도 뭉근하게 삭혀 '감주'처럼 만드는 것이다. 보통 12시간 내외로 삭힌다고 하는데 날씨, 온도 등에 따라 조금 달라지기도 한다. 이러한 밑술의 과정은 술을 빚는 데 3일 정도 소요된다. 완전히 식은 밑술은 천으로 된 망에 넣어 치대어 나온 물만 쓴다. 이때 덧술로 만든 국화 넣은 찹쌀 고두밥을 밑술에 섞어 함께 치댈 수도 있으나 자주 쓰는 방식이 아니다. 이와 같이 밑술을 감주처럼 만들어 이용하는 방식은 춘우재고택 국화주의 특징이다.

다음으로 덧술인 덧밥을 준비하는데 밑술과 같이 찹쌀 4kg을 씻어서 8시간 정도 불려두었다가 고두밥을 한다. 덧술의 고두밥에는 말린 국화 1kg을 섞는다. 찹쌀과 국화를 섞어 40분간 찐 고두밥을 완전히 식힌다. 다 식은 고두밥에 누룩 3kg을 섞어 가는 구멍이 있는 천으로 된 망에 넣어 망째로 옹기에 넣는다. 옹기 입구는 무명천으로 덮고 다시 이불로 옹기 전체를 덮는다. 옹기가 조금 따뜻해지면 술이 잘 숙성되므로 이불로 덮어 두고 옹기는 방 한 구석에 놓아둔다.

술을 담근 지 4일 정도 지나면 '와글와글' 술 익는 소리가 난다. 그로부터 2일 정도 더 지나면 침전물이 생긴다. 이때부터 술을 먹을 수 있지만 2~3개월 숙성시키면 술맛이 더 좋다고 한다. 숙성 기간은 온도와 날씨 등에 따라 차이가 있으나 약 2~3개월 정도면 어느 정도 숙성된다. 냉장 시설이 발달하면서 술의 숙성 기간이 짧아졌다. 술을 스테인리스 용기에 넣어 냉장고에 두면 1개월이면 숙성되어 술을 마실 수 있게 되었다.

한편 춘우재고택의 국화주는 밑술을 담글 때 고두밥을 그대로 넣지 않고 고두밥과 엿기름을 감주처럼 삭혀 얻은 물만 사용한다. 덧술 과정에서도 국화를 넣어 찐 고두밥을 천으로 만든 망에 넣어 이를 통째로 옹기에 넣어 숙성하므로 침전물이 많이 생기지 않는다. 그 결과 춘우재고택의 국화주는 술지게미가 많지 않고 술의 양이 많은 편이다. 과거에는 소량의 술지게미를 소여물에 섞어 주거나 소나무에 주는 거름으로 활용하기도 했다.

국화와 찹쌀을 섞어 찐 덧밥에 누룩을 섞어 옹기에 함께 넣어 술을 숙성시키기 때문에 국화주 향이 더욱 짙어질 수밖에 없다. 또한 춘우재고택의 국화주는 숙성된 이후에 옹기에서 술을 바로 떠서 마실 수 있으므로 용수가 필요 없다. 이는 대개 청주를 얻기 위해 용수를 이용하는 가양주 주조법과는 뚜렷하게 구별되는 특징이다.

〈재료〉

㉠ 밑술: 찹쌀 20kg, 엿기름 4kg, 물 40L

㉡ 덧술: 찹쌀 4kg, 누룩 3kg, 말린 국화 1kg

〈국화주 만드는 순서〉

① ㉠의 찹쌀 20kg을 깨끗이 씻은 다음 8시간 불린다.

② 가마솥에 대나무 채반을 두고 천 보자기를 깐 다음 그 위에 불린 찹쌀을 얹어 40분 정도 고두밥으로 찐다.

술독 준비하기 필자 촬영

술독 소독하기 필자 촬영

국화주 재료 필자 촬영

밑술: 찹쌀 씻어서 불리기 필자 촬영

밑술: 찹쌀 고두밥 찌기 필자 촬영

밑술: 찹쌀 고두밥 식히기 필자 촬영

밑술: 찹쌀 고두밥, 엿기름, 물 섞어 삭히기 필자 촬영

덧술: 국화 넣어 찹쌀 고두밥 찌기 필자 촬영

밑술: 삭힌 밑술 치대어 짜기 필자 촬영

덧술: 국화 찹쌀 고두밥과 누룩을 섞어 망에 넣기 필자 촬영

옹기에 밑술과 덧술 넣기 필자 촬영

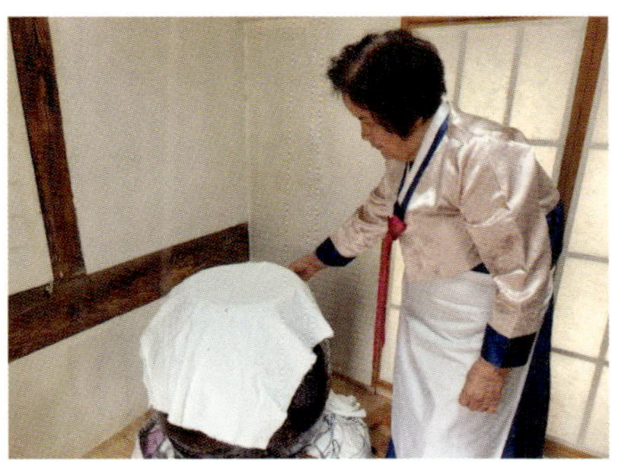
옹기 입구 무명천 덮기 필자 촬영

이불로 옹기 감싸기 필자 촬영

국화주 뜨기 필자 촬영

국화주 필자 촬영

③ 고두밥의 밥알이 다 부서지도록 으깨어 고두밥이 보드라워지도록 잘 식힌다.

④ 고두밥과 엿기름 4kg, 물 40L를 섞어 약한 불에 13~14시간 정도 뭉근하게 삭힌다.

⑤ ㉡의 찹쌀 4kg, 국화 1kg을 섞어 ②처럼 40분간 고두밥으로 찐 다음 완전히 식힌다.

⑥ 완전히 삭힌 ④를 천으로 된 망에 넣어 치대어 나온 물만 옹기에 넣는다.

⑦ ⑤에 누룩 3kg을 섞어 가는 구멍이 있는 천으로 된 망에 넣은 다음 망의 입구를

봉해 망째 옹기에 넣는다.

⑧ 술이 든 옹기를 방 한구석에 두고 옹기 입구는 무명천으로 덮고 이불로 옹기 전체를 감싸 따뜻하게 하여 술이 잘 숙성되도록 한다.

⑨ 4일 정도 지나면 '와글와글' 술 익는 소리가 나고, 2일 더 지나면 침전물이 생긴다. 이때부터 술을 먹을 수 있지만 2~3개월 숙성시키면 술맛이 더 좋다.

⑩ 술은 거르지 않고 바로 떠서 먹는다.

국화주는 춘우재고택 외에도 여러 집안에서 만들어 먹어 온 대표적인 가양주 중의 하나이다. 현재까지도 국화주 만드는 법은 여러 집안에서 전승되어 오고 있다. 하지만 집안마다 국화주를 만드는 방법에는 차이가 있다. 그러므로 현재 전승되는 국화주가 어떻게 만들어지는지 살펴보고 춘우재고택의 국화주와 어떤 차이가 있는지를 알아보고자 한다. 이를 통해 춘우재고택 국화주의 특성을 조금 더 구체적으로 해명할 수 있을 것이다.

대전의 동춘당同春堂 송준길宋浚吉(1606~1672)종가에서는 가양주로 국화주가 전승되어 오고 있다. 동춘당 송준길종가의 국화주는 2016년 대전광역시 무형유산(지정 당시 대전광역시 무형문화재 제9-가호)으로 지정되었다. 당시 동춘당 송준길의 13대 종부인 故김정순(1934년생)이 기능보유자로 인정되었다. 종가에서는 집안에 전해 오는 『주식시의酒食是儀』, 『우음제방禹飮諸方』의 주조법을 토대로 여러 종류의 술을 만들어 왔으며 그 가운데서도 국화주가 단연 인기 있었다고 전한다. 『주식시의』에는 '화향입주방花香入酒方'이라고 하여 꽃을 담은 주머니를 술독에 매달거나 꽃을 술 위에 뿌리는 방식으로 술에 꽃향기를 입히라고 하지만 김정순은 시집왔을 당시 집안 어른으로부터 배운 방식대로 밑술, 고두밥 누룩을 버무린 반죽에 국화꽃을 직접 섞어 발효시키는 방식으로 국화주를 제조했다.[20] 대전광역시 『문화재대관』(2019)

에 수록된 종가의 국화주 만드는 법을 요약하면 다음과 같다.

국화주는 2차에 걸친 술 빚기 방식으로 주조된다. 먼저 밑술을 담아 숙성시킨 뒤 이 밑술과 찹쌀 고두밥을 섞어 다시 본술을 담는다. 밑술의 재료는 멥쌀 서 되와 누룩 한 되를 주재료로 한다. 이때 멥쌀은 쌀가루를 내 흰무리로 찌고, 이것을 면포에 쏟아놓은 뒤 주걱으로 흩어 차게 식혀 사용한다. 곧 잘게 부순 흰무리와 누룩가루를 반죽하여 항아리에 담으면 밑술 담기가 완성된다. 밑술이 숙성되는 데 적정한 온도는 20~25℃이다. 계절에 따라 온도차가 심하므로 늦가을이나 겨울에는 이불을 덮어 보온한다. 적정한 온도가 유지될 때 밑술의 숙성 기간은 10일 정도이다. 밑술이 완성되면 본술 담기를 한다. 본술의 주재료는 국화 600g, 찹쌀 한 말, 누룩 반 되이다. 먼저 찹쌀을 씻어 불린 뒤 고두밥을 찐다. 이 고두밥을 베보자기에 쏟아서 차게 식힌다. 이후 용기에 고두밥을 담고 여기에 밑술을 부어 반죽한다. 만일 밑술의 발효 상태가 부족한 듯 하면 누룩가루를 첨가하여 반죽한다. 이렇게 반죽한 본술 재료의 절반을 항아리에 담고 그 위에 국화를 고르게 편다. 이어서 나머지 반죽을 항아리에 담은 뒤 항아리 입구를 한지로 봉하고 뚜껑을 덮어 마감한다. 본술의 숙성 환경도 밑술과 마찬가지이다. 20~25℃의 온도를 유지한 채로 15일 정도 숙성시키면 국화주가 완성된다. 술이 완성되면 항아리에 용수를 박고 술을 뜬다. 술은 7일에 걸쳐 뜨는데 뒤로 갈수록 맑은 황갈색을 띤다. 국화주는 은은한 국화 향을 품고 있는데 목 넘김이 부드럽고 뒷맛이 달다.[21]

---

20 양미경, 「국화주」, 주영하 외 지음, 『한식문화사전』, Human&Books, 2024, 174쪽 참고.

21 『대전광역시 문화재대관』, 대전광역시 문화유산과, 2019(대전시립박물관 홈페이지, https://www. daejeon. go. kr).

동춘당 송준길종가의 국화주는 밑술과 덧술(본술)을 한다는 점에서 춘우재고택의 국화주 만드는 법과 유사하지만 밑술과 덧술의 재료와 방식 등에서는 차이가 있다. 동춘당 송준길종가의 국화주는 밑술로 멥쌀을 이용하고 이 멥쌀을 시루떡(흰무리)처럼 만들어 누룩가루와 반죽하여 밑술을 담근다. 반면에 춘우재고택의 국화주는 밑술로 찹쌀 고두밥을 하고 엿기름을 이용하여 감주처럼 만든다는 점에서 다르다. 두 집안은 국화주를 만들 때 국화를 모두 덧술(본술)에 이용함으로써 국화의 향기를 깊게 낸다. 다만 국화 향과 맛을 내는 방식에서는 차이가 있다. 동춘당 송준길종가에서는 본술에 찹쌀 고두밥을 만들어 밑술을 부어 반죽하고 이 반죽의 절반을 항아리에 담고 그 위에 국화를 고루 펴고 다시 그 위에 남은 절반의 반죽을 얹는 방식으로 국화를 활용한다. 그리고 본술의 반죽을 그대로 넣었으므로 술이 익으면 용수를 박아 술을 뜬다. 춘우재고택에서는 덧술의 고두밥을 찔 때도 국화를 넣고 이를 망에 넣어 망째 옹기에 넣음으로써 술에 국화 향이 짙게 배도록 했다. 이처럼 동춘당 송준길종가의 국화주와 춘우재고택의 국화주 만드는 법을 비교하여 보면 덧술의 형태와 국화 삽입의 방식 등에서 차이가 있었다.

한편 안동의 정재定齋 류치명柳致明(1777~1861)종가에는 솔잎과 국화를 섞어 빚는 안동송화주松花酒가 전승되고 있으며, 이 술은 경상북도 무형유산(지정 당시 경상북도 무형문화재 제20호)으로 지정되어 있다.[22] 안동송화주는 밑술에 덧술을 하는 이양주 방식으로 담그며, 덧술 과정에서 솔잎과 황국을 넣는다. 불린 멥쌀과 찹쌀, 솔잎을 켜켜이 넣어 고두밥을 안치고 충분히 식힌 다음에 밑술과 황국을 함께 섞는다. 이때 사용되는 재료의 비중은 황국보다 솔잎이 훨씬 크다. 특히 송화주는 술독에 술을 안치는 방법이 독특한데, 술독

---

22 송화주 만드는 법에 대해서는 경상북도, 〈경상북도 무형문화재 민속주〉 DVD 자료를 활용하여 정리하였다.

안에 미리 용수를 박아 두고, 덧술이 용수 안으로 들어가지 않도록 용수 위를 바구니로 덮고 그 위에 덧술을 넣는다. 이렇게 덧술을 안치는 단계에서부터 용수를 설치하기 때문에 숙성이 시작되면 언제든지 맑은 송화주를 뜰 수 있다. 이처럼 송화주는 술을 빚을 때 국화를 넣어 향을 돋우지만, 국화를 주요 재료로 삼는 춘우재고택의 국화주와는 만드는 방식과 재료 구성 면에서 다른 계열의 술이라 할 수 있다. 그 밖에도 춘우재고택이 위치한 경북 인근 지역을 중심으로 주변 지역에서 전승되는 다양한 국화주 사례를 살펴보고, 그 차이와 특징을 비교하고자 한다.

<봉화 안동 권씨 충재 권벌종가>

국화주는 안동 권씨 충재 권벌 종가의 앞 논에서 수확한 찹쌀과 담장 곁에 핀 국화를 재료로 한다. 찹쌀로 지은 고두밥에 말린 국화와 누룩을 함께 버무려 항아리에 넣고 발효해서 만든다. 술이 익으면 용수를 박고, 용수 안에 고인 맑은 술만 떠서 사용한다. 보통 삼양주에서 많게는 오양주까지 뜬다.[23]

<안동 의성 김씨 청계 김진종가>

의성 김씨 청계 김진 종가에서는 찹쌀과 누룩에 국화와 솔잎을 넣어 발효한 청주를 만든다. 술을 만들 때 국화와 솔잎을 함께 넣어 빚으므로 국화주 또는 솔잎주라고도 했다. 국화주는 노름한 빛깔을 띠며 국화향과 솔잎향 두 가지 향이 나는 술이다. 술을 만드는 데 필요한 재료는 국화, 솔잎, 밀, 찹쌀이다. **국화는 따서 말려서 사용하기도 하지만 생국화를 쓰기도 한다.** 먼저 솔잎을 솥에서 쪄서 말리는데, 솔잎 색이 노랗게 변한다. 다음으로 누룩을 만드는데 밀을 빻아서 틀에 넣

23 안동 권씨 충재 종가 '국화주', 『경북 종가 가양주 스토리북』, 21쪽.

어 디딘 후 짚을 한 겹 깔고 위에 올리고 그 위에 다시 짚을 덮어 따뜻하게 한다. 누룩은 햇볕에 말리고 다 마른 누룩은 빻아 가루로 만든다. 찹쌀을 물에 담가 하룻밤을 불린 다음에 찐다. **찐 밥에 말린 누룩가루와 솔잎, 국화를 섞고 물을 부어 일정 기간 숙성시킨다.** 술이 다 익으면 용수를 박아 청주를 뜬다.[24]

<안동 진성 이씨 퇴계 이황종가>

진성 이씨 퇴계 이황종가에서는 제사와 잔치 등을 비롯하여 손님에게 대접하기 위해 청주를 만든다. 청주를 만들 때 국화를 넣으면 국화주가 된다. 국화주는 주로 가을에 빚어 마신다. 청주의 재료는 쌀과 누룩이다. 청주를 만들기 위해 먼저 술밥을 만드는데, 술밥은 밑밥과 웃밥 두 종류로 나뉜다. 밑밥은 찹쌀 4~5되 정도를 질게 밥을 해서 누룩을 섞는 것이고, 웃밥은 멥쌀로 고두밥을 해서 누룩을 섞어 넣는 것이다. 밑밥을 할 때는 진밥을 하고, 웃밥을 할 때는 고두밥을 해야 술이 맑고 깨끗해진다고 한다. **고두밥을 넣을 때 국화잎을 함께 넣으면 국화주가 된다.** 술밥을 넣고 숙성을 빨리 시키기 위해 단지에 이불을 덮어 두기도 한다. 술 단지에 이불을 덮은 지 4일 정도 지나면 술이 익기 시작하는데 성냥이나 촛불을 단지 입구 가까이에 가져갔을 때 불이 안 꺼지면 술이 익은 것이다. 술이 완전히 익지 않으면 불이 꺼진다. 술이 익으면 술 단지 가운데 용수를 박아 용수 안의 맑은 청주를 뜬다. 청주를 뜨고 남은 술밥은 걸러서 막걸리를 만든다.[25]

---

24 배영동 · 박효진, 『안동지역 종가음식의 조리법과 문화』 제1권, 안동시, 안동종가음식산업화사업단, 안동대학교 산학협력단, 2015, 91~92쪽 참고하여 정리함.

25 배영동, 「경북의 술과 음식문화」, 『경북의 민속문화』 2, 국립민속박물관, 2009, 132쪽 참고하여 정리함.

<안동 광산 김씨 긍구당>

광산 김씨 긍구당에서는 청주와 국화주를 제주로 쓰고, 집안에 잔치가 있을 때도 사용하며, 사돈과 같이 귀한 손님이 왔을 때도 대접했다. 기본 청주를 만들 때 솔잎을 넣으면 솔잎주가 되고 국화를 넣으면 국화주가 된다. 주재료는 찹쌀, 멥쌀, 누룩, 물 등이다. 찹쌀과 멥쌀의 비율을 5:5로 섞으면 맛이 좋지만 찹쌀이 귀했던 시절에는 멥쌀로만 고두밥을 쪘다. 누룩은 집에서 직접 만들어 사용했다. 누룩을 만들 때 필요한 재료는 밀과 엿기름이다. 밀은 방앗간에서 성글게 갈아 와서 사용한다. 누룩 반죽에 엿기름을 조금 넣어주면 발효가 잘된다. 누룩 반죽이 완성되면 삼잎을 따서 양쪽에 붙여두는데 이는 누룩에 나쁜 곰팡이가 피지 않도록 하는 장치이다. 긍구당에서 전해 내려오는 비법이다. 반죽한 누룩은 따뜻한 방에서 띄우는데, 사흘에 한 번씩은 뒤집어 준다. 누룩이 완성될 무렵에는 서늘한 곳에 재어둔다. **고두밥으로 찐 찹쌀과 누룩을 빻아서 섞는데** 고두밥과 누룩의 비율은 3:1이다. 고두밥이 서 되면 누룩은 한 되 정도 섞는다. 그런 다음 **솔잎 또는 국화를 넣는다.** 청주와 국화주는 마실 때는 달고 마시고 난 다음에는 머리가 아프지 않기 때문에 인기가 좋다. 국화주는 주로 가을에 만들어 먹었는데 막걸리에 비해 오랫동안 보관할 수 있다.[26]

<영주 인동 장씨 연복군 장말손종가>

인동 장씨 연복군 장말손종가에서는 청주 담글 때 국화를 넣으면 국화주가 되고 솔잎을 넣으면 솔잎주가 된다. 청주를 만들 때 주요 재료로 찹쌀이나 멥쌀을 쓰는데 살림이 넉넉하지 않아 멥쌀이나 찹쌀로만 청주를 만들 수 없었다. 보리쌀, 좁쌀 등을 섞어서 청주를 담갔다. 그래서 종가의 청주는 잡곡을 섞어 만들기도 하고

26 배영동, 위의 글, 2009, 140쪽 참고하여 정리함.

뜬 쌀을 섞어 만들기도 했다. 잘 마른 벼를 뒤주에 넣어두면 여름에 누렇게 뜨는데, 이때 뜬 쌀을 가지고 청주를 만들기도 했다. 청주를 만들 때 항상 잡곡을 섞어 고두밥을 쪘다. 찐 고두밥을 식힌 다음 누룩을 섞어 치대어 술 단지에 넣어 둔다. **고두밥과 누룩을 섞을 때 국화잎을 넣으면 국화주가 된다.** 술 한 단지에서 나오는 청주는 많아도 두 되가 안 된다. 청주는 아주 귀한 고급술이다. 그래서 집안의 어른이라고 해도 평소에는 청주를 먹지 못한다. 살림이 넉넉하지 않아서 귀한 것은 손님을 대접하기 위해 먹지 않았다. 청주는 손님 가운데서도 아주 귀한 손님에게만 대접한다. 술안주로 잘 어울리는 음식은 명태보풀음이고, 그 밖에도 유과, 홍시, 약과 등이 있다.[27]

<의성 아주 신씨 오봉 신지제 종가>

아주 신씨 오봉 신지제 종가에서는 국화가 나는 가을에 국화주를 많이 담갔다. 국화를 말려두었다가 겨울에 국화주를 담가 먹기도 했다. **청주와 탁주를 빚는 과정에서 단지를 따뜻한 곳으로 옮겨 숙성시키기 전에 국화를 넣으면 향긋한 국화주가 만들어진다.** 국화향이 나는 청주가 국화주이다. 국화주를 뜨고 난 다음 국화잎이 섞여 있는 술지게미는 따로 걸러내서 사카린을 타서 먹기도 했다. 국화주도 청주와 같이 귀한 술로 손님을 대접할 때 사용한다.[28]

<의성 수정1리 영천 이씨 학남댁>

청주를 만들 때 **고두밥과 누룩을 섞는 과정에서 국화잎을 넣으면 국화주가 된다.** 청주는 쌀을 고두밥으로 찐 다음 누룩과 함께 섞은 다음 술이 익으면 술

27 배영동, 위의 글, 2009, 145쪽 참고하여 정리함.
28 배영동, 위의 글, 2009, 149쪽 참고하여 정리함.

> 단지 가운데 용수를 박아 뜨는 맑은 술이다. 술이 익을 때까지는 15일 정도 걸린다. **국화잎은 말리지 않고 생生으로 넣기도 하고 국화꽃을 통째 뜯어서 넣기도 한다.** 국화가 피는 가을에는 국화주를 많이 담그고 국화잎을 말려두었다가 겨울에도 국화주를 담가 먹는다. 국화주는 일 년에 2~3회 담가 먹는다. 국화주는 쌀 소두小斗 한 말(10L)에 누룩 3되 정도로 섞는다. 그러면 국화주는 두 말 정도 나온다. 솔잎주는 진달래꽃을 함께 섞어서 담근 것이다. 고두밥을 쪄서 누룩을 섞을 때 솔잎과 진달래꽃을 넣는다.[29]

위의 봉화 안동 권씨安東權氏 충재冲齋 권벌權橃(1478~1548)종가의 권벌은 예천 제곡리 안동 권씨 입향조 야옹野翁 권의權檥(1475~1558)의 동생이다. 충재 권벌종가에서도 담장 옆에 기르는 국화를 활용하여 가양주인 국화주를 만들어 왔음을 알 수 있다. 충재 권벌종가의 국화주는 찹쌀 고두밥에 누룩과 말린 국화를 함께 버무려 숙성하고 술이 익으면 용수를 이용하여 맑은 국화주를 뜨는 방식이다. 이러한 방식은 밑술과 덧술을 구분하여 만드는 춘우재고택의 국화주와는 차이를 보인다. 특히 춘우재고택에서는 밑술을 감주 형태로 만든 뒤 그 물만 사용하고, 덧술 과정에서 국화와 찹쌀을 함께 고두밥으로 쪄서 누룩을 섞어 이를 옹기에 넣어 숙성한다. 이러한 점에서 충재 권벌종가의 국화주 만드는 방법과는 일정한 차이가 존재한다.

또한 위의 사례 가운데 의성 김씨義城金氏 청계靑溪 김진金璡(1500~1580)종가를 제외하면 대부분 가양주로 기본적으로 청주를 담근다. 다만 청주를 담글 때 국화를 넣어 국화주를 만들기도 한다. 물론 국화 외의 재료를 사용하여 술을 빚기도 한다. 예를 들면 광산 김씨光山金氏 긍구당肯構堂, 인동 장씨

29 배영동, 위의 글, 2009, 150쪽 참고하여 정리함.

仁同張氏 연복군延福君 장말손張末孫(1421~1486)종가, 영천 이씨 학남댁에서는 청주를 만들 때 솔잎을 넣어 솔잎주를 만든다. 한편 의성 김씨 청계 김진종가는 청주를 만들 때 솔잎과 국화주를 함께 넣어 만들기 때문에 청주를 국화주 또는 솔잎주라고도 한다.

국화주를 빚을 때 국화를 넣는 과정과 방법은 대체로 고두밥과 누룩을 섞는 과정에서 국화를 함께 넣는 방식이다. 청계 김진종가, 퇴계退溪 이황李滉(1501~1570)종가, 긍구당, 연복군 장말손종가, 학남댁 등 대부분 집에서 고두밥을 찐 다음 국화를 섞는다. 이때 국화 잎만 넣기도 하고 국화꽃을 통째로 넣기도 한다. 위의 자료만으로 명확하게 구분하기 어렵지만 청계 김진종가와 학남댁의 경우에는 생국화를 그대로 사용하기도 한다. 한편 오봉梧峰 신지제申之悌(1562~1624)종가에서는 고두밥과 국화를 직접 섞지 않는다. 이 종가에서는 청주를 담근 이후에 술을 숙성시키기 위해 술독을 따뜻한 곳으로 옮기는데, 술독을 옮기기 직전에 국화를 넣어 술을 숙성시킨다.

한 예로 안동의 전주 류씨全州柳氏 백졸암百拙庵 류직柳稷(1602~1662)종가의 12대 종부는 안동 송천동에서 시집을 왔는데 양조장을 했던 친정에서 국화주를 담갔다고 한다.[30] 친정에서는 말린 국화를 삶은 물에 고두밥과 누룩을 섞어 숙성시킨 다음 용수를 박아 맑은 술을 뜨면 국화주 청주가 된다고 한다. 그리고선 차좁쌀과 쌀로 죽을 써서 커다란 자루에 부어 독에 넣고 웃물을 뜬 국화주를 붓고 탁주를 한 말 부으면 숙성되어 국화주 탁주가 된다고 한다.

이와 같이 국화주를 만드는 여러 사례를 살펴봐도 춘우재고택의 국화주처럼 밑술을 감주처럼 만들어 술을 빚는 방식은 찾아보기 어렵다. 대부분 집에서는 고두밥과 누룩, 국화를 함께 섞거나 반죽하여 술독에 함께 넣는 방식

30 배영동 · 박효진, 앞의 책, 2015, 210~211쪽 참고하여 정리함.

으로 국화주를 만들기 때문이다. 이 때문에 술을 걸러 맑은 청주를 얻기 위해서는 용수를 이용할 수밖에 없다. 그러나 춘우재고택의 국화주는 밑술의 물만 넣고 덧술의 고두밥도 망에 넣기 때문에 술이 익어도 용수를 박을 필요가 없다. 이러한 점에서 춘우재고택의 국화주 만드는 법은 남다른 특징을 지니고 있었다.

> 친정에서는 완전히 국화만 넣었는데 여기(시댁)에 와서 조금 있다가 구기자하고 대추하고 첨가해서 국화주를 담가 봤어요. 몇 해 하다가 춘우재 국화주는 국화로만 하니까 이걸 첨가하지 말고 하자 하면서 구기자하고 대추를 빼고 하게 되고 지금까지 국화만 넣어서 했고요. 최근에 국화주 만드는 것하고 같은데 솔잎을 넣어서 만들어 봤어요. 이름을 봄비라고 붙였어요. 춘우재를 우리말로 한 거에요. 솔잎 넣고 하니 이렇게 톡 쏘는 맛이 나고 국화주는 그냥 은은한 맛이 나고 맛이 틀려요.[31]

한편 춘우재고택의 국화주 만드는 방식은 한 차례 변화된 적이 있다. 조동임 씨가 시집온 이후 국화주 재료를 바꾸어 본 것이다. 시집온 이후에 국화 외에도 구기자, 대추를 넣어 국화주를 빚었다. 국화주에 구기자를 넣는 것은 『동의보감東醫寶鑑』 내경편內景篇에도 기록되어 있다.[32] 국화주가 장수에 좋다고 알려져 있다. 조동임 씨는 국화주에 구기자와 대추를 넣어 몇 차례 빚었으나 춘우재고택의 국화주는 전통적으로 국화만 넣어서 만드는 것이라는 생각에 구기자와 대추를 넣지 않게 되었다.

최근에는 국화주와 같은 방식으로 '봄비'라는 이름의 솔잎주를 담그기도

---

31 조동임(여, 1949년생)의 구술(2025년 7월 4일, 춘우재고택).

32 '身形', 「內景篇」 卷之一, 『동의보감』(한의학고전DB, https://mediclassics.kr).

했다. 봄비는 춘우재를 우리말로 바꾼 것으로 국화 대신에 솔잎을 넣어 빚은 술이다. 즉 솔잎주도 국화주처럼 밑술을 감주 형식으로 한 다음에 덧술 고두밥을 할 때 솔잎을 함께 넣어 찐다. 국화주와 솔잎주 모두 알코올 함량이 12%인데 솔잎주는 국화주보다 쓴맛과 떫은맛이 적고 신맛이 강하게 난다. 국화주도 쓴맛과 떫은맛이 많이 나는 술은 아니지만 솔잎주는 신맛이 강하게 나면서 쓴맛과 떫은맛이 상대적으로 적은 편이다.

지금까지 살펴본 결과 춘우재고택의 가양주는 밑술을 감주 형태로 빚는다는 점이 특징적이다. 현재 춘우재고택에서 만드는 국화주와 솔잎주 모두 밑술을 감주로 만든 뒤 그 감주의 물만 사용하고 덧술을 할 때 국화와 솔잎을 찹쌀과 함께 고두밥을 쪄서 누룩과 섞어 옹기에 넣어 숙성하는 방식이다. 이러한 방식은 춘우재고택의 국화주가 유독 짙은 국화 향이 나도록 한다. 또한 밑술에 엿기름을 넣어 감주 형태로 빚기 때문에 국화주는 자연스럽게 부드러운 단맛이 날 수밖에 없다. 이처럼 춘우재고택의 국화주 만드는 법은 엿기름 이용, 국화 고두밥과 투입 방식, 술의 숙성 구조 등에서 남다른 전통을 지닌다.

04

고조리서의 국화주 만드는 법과 춘우재고택 국화주의 특징

전통적으로 가양주를 빚을 때 곡물과 누룩 외에도 계절마다 주변에서 흔하게 구할 수 있는 자연 재료를 많이 활용해 왔다. 주로 식물의 열매 · 꽃 · 잎 · 뿌리 · 껍질 등이다. 대표적으로 국화와 솔잎이 있고, 그 밖에도 구기자 · 두견화 · 매화 · 오미자 · 산수유 · 연꽃 등이 있다. 이 가운데서도 국화는 가을을 대표하는 절기節氣 술이다. 국화는 야생에서도 흔하게 자라는 꽃이고 재배도 어렵지 않은 편이므로 식용으로 많이 활용되었다.

국화에 관한 기록은 일찍이 고려시대 이규보李奎報(1168~1241)의 『동국이상국집東國李相國集』에서 확인된다. 『동국이상국집』에는 국화와 관련한 시가 여러 편 수록되어 있으며, 대부분 음력 9월 9일 중양절과 관련하여 지은 것이다. 이규보의 시에서는 국화를 황국으로 표현하고 있으며 당시 중양절에 황국으로 만든 국화주를 마셨음을 알 수 있다.[33] 중양절 풍속에 관해서는 『삼국유사』에도 기록되어 있지만 국화주에 관한 구체적인 언급은 없어 짐작만 할 뿐이다. 이러한 기록자료를 토대로 우리 민족이 오랜 세월 국화주를 즐겨 마셔왔다는 것을 알 수 있다. 또한 국화가 쉽게 구할 수 있는 식물이고, 오랜 세월 국화주를 담가 마셨다는 점은 국화주 만드는 법 역시 여러 사람을 통해 다양하게 전승되었을 것으로 여겨진다.

조선시대 여러 문헌에는 국화주 만드는 법에 관해 기록되어 있으며, 그 방식 또한 다양하다. 가령, 1433년의 『향약집성방鄕藥集成方』에는 감국으로 만든 국화주를 따뜻하게 마시는 '국화온주菊花醞酒'법이 설명되어 있다.[34] 한편 탁청정濯淸亭 김유金綏(1491~1555)가 1540년경에 저술한 『수운잡방需雲雜方』에는 말린 황국을 생명주 주머니에 넣어 술 윗면에 하룻밤 매달아 두는 방법이 기록되어 있다.[35] 『수운잡방』에서는 특히 국화 향기를 술에 담아내는 과정을 중요하게 설명한다. 이 두 문헌은 비교적 이른 시기의 국화주 만드는 법을 다루고 있으나 국화의 종류, 만드는 과정, 먹는 방식 등에서는 차이가 있다. 따라서 고조리서를 포함한 고문헌에 국화주 만드는 법이 어떻게 기록되어 있는지 구체적으로 살펴보고 춘우재고택의 국화주 만드는 법의 특징을 밝히고자 한다.

〈고문헌의 국화주 만드는 법〉

◦『향약집성방鄕藥集成方』(1433년), '풍두선風頭旋'

감국이 꽃이 핀 것을 음력 9월 9일에 채취하여 햇빛에 말려 가루를 만들고

---

33 '重陽後菊', 「東國李相國前集」 第十八卷, 『東國李相國集』(한국고전종합DB, https://db.itkc.or.kr).

34 '風頭旋', 「風門」 3, 『鄕藥集成方』 卷第三(한의학고전DB, https://mediclassics.kr).

35 김유 · 김령 지음, 윤숙경 옮김, 『수운잡방(需雲雜方)』, 신광출판사, 1998, 128쪽.

찹쌀밥 위에 놓고 찐다. 쌀 1말에 5냥의 국화 가루를 섞어 평소 술 담그는 방법대로 하는데 누룩을 많이 넣으면 좋다. 술이 익으면 눌러 짜서 찌꺼기는 버리고 **매번 작은 잔 한잔씩 따뜻하게 먹는다.**[36]

◦『수운잡방需雲雜方』(1540년경), '황국화주법黃菊花酒法'

황국黃菊은 향기롭고 맛이 단 것을 골라 따서 햇볕을 쬐어 말린다. 청주 1말당 국화 3냥씩을 생명주 주머니에 넣어 술 윗면에서 손가락 하나 높이에 매달고 독부리를 단단히 봉한다. 하룻밤 지나서 꽃을 들어낸다. 술맛은 향기롭고 달다. 모든 향기가 있는 꽃은 이와 같이 할 수 있다.

◦『동의보감東醫寶鑑』(1619년), '감국화甘菊花'

국화주를 만드는 방법은 다음과 같다. **감국화 · 생지황 · 지골피 각 5되에 물 1섬을 넣고 5말이 될 정도까지 달인 후 이 물에 찹쌀 5말을 넣고 다시 삶는다. 익으면 고운 누룩을 넣고 함께 섞은 후 항아리에 담는다. 술이 익으면 가라앉힌 후 그 윗물을 데워 먹는다.** 근골을 강하게 하고 골수를 보하며 수명을 늘린다. 흰 국화가 더욱 좋다.[37]

◦『고사십이집攷事十二集(1787년), '국화주菊花酒'

감국甘菊이 만발할 때 따서 볕에 말려 독에 담고, 술 1말에 감국 2냥을 명주 주머니에 담아, 술 위로 1지指 너비쯤 떨어지게 하여 달아매고, 독 주둥이를 밀봉한 뒤 하룻밤 지나 감국 주머니를 떼어내면, 술에 국화 향기가 나는 것이

---

36 '風頭旋', 「風門」 3, 『鄕藥集成方』 卷第三(한의학고전DB, https://mediclassics.kr).
37 '身形', 「內景篇」 卷之一, 『동의보감(東醫寶鑑)』(한의학고전DB, https://mediclassics.kr).

마치 납매臘梅(섣달 매화)와 같다. 향기 있는 꽃이라면 모두 이 방법대로 하면 된다. 또 다른 방법으로는, **아직 거르지 않은 술이 막 익어 진해지려고 할 때, 꽃받침을 따 버린 감국 2냥을 아직 거르지 않은 술에 넣어 고루 섞는다.** 이튿날 아침 일찍 술을 짜면 맛이 향기롭고 좋다. 향기가 있고 독이 없는 꽃이라면 모두 이 방법대로 할 수 있다. (남양南陽에 감곡수甘谷水가 있는데 감곡수 좌우에 모두 국화가 나서 꽃잎이 물에 떨어졌으므로 물맛이 달아서 그곳에 사는 사람들은 우물을 파지 않고 이 물을 마셨는데 수명이 1백 40세~1백 50세까지 사는 사람도 있었다.)[38]

◦『규곤요람閨壼要覽』(1795년, 고려대 소장본), '국화주법'

국화를 많이 뜯어 말려 두고 술이 한 말이면 꽃을 두 냥씩 낡은 모시 주머니에 넣는다. 술 위에 한두 치만 뜨게 달고 항의 부리를 단단히 싸매었다가 한 이틀(지나) 진하거든 내면 그 술이 향내가 나고 맛이 좋다. 송국주법 감국을 많이 모아 소나무잎을 썰어 국화와 등분하여 모시나 베나 주머니에 소나무잎과 국화잎을 넣어 독 밑에 넣고 눌러 빚으면 좋으되 방문주로 빚는다.[39]

◦『윤씨음식법尹氏飮食法』(1854년), '국화주방문'

구월 구일에 노란 국화를 볕에 말려서 가루를 찧어 찹쌀 한 말을 깨끗이 씻어 쪄서 차가워지면 국화가루 닷 냥과 가루누룩을 알맞게 섞어서 빚어라.[40]

---

38 서명응 지음, 윤태순 · 홍영기 옮김, 『攷事十二集』 3, 농촌진흥청, 2012, 284쪽.

39 『규곤요람(閨壼要覽)』(조선시대 필사본 음식조리서의 용어 색인 DB 구축, http://ffr.krm.or.kr).

40 『윤씨음식법(尹氏飮食法)』(조선시대 필사본 음식조리서의 용어 색인 DB 구축, http://ffr.krm.or.kr).

◦『온주법蘊酒法』(1800년대), '국화주'

누런 감국 다섯 되, 생지황 다섯 되, 지골피(구기자) 다섯 근을 찧는다. 물 여덟 말을 부어 그 찧은 것을 넣고 달인다. (달인 것이) 다섯 말 되거든 찹쌀 다섯 말로 밥을 짓고 진국 다섯 되를 섞는다. (술이) **맑게 되면 한 잔씩 데워서 먹으면** 잔골을 튼튼하게 하고 골수를 보호하여 수명을 더욱더 길어지게 하고 늙지도 않는다.[41]

◦『주찬酒饌』(1800년대), '지골주地骨酒'

근골을 튼튼하게 하고 정수를 보하며 늙지 않고 오래 살게 한다. **구기자나무 뿌리, 생지황, 감국화 각각 1근씩을 찧어 물 1섬으로 삶아서 즙 5말을 얻어 놓고, 찹쌀 5말로 밥을 지어 고운 누룩가루와 함께 섞어 봉해 둔다.** 맑게 익으면 하루에 3잔씩 마신다.[42]

위의 고문헌을 통해 국화주 만드는 방식은 물론이고, 국화주를 만드는 데 쓰인 국화 종류, 국화 투입 방법, 음용 방법 등에 대해 살펴볼 수 있었다. 첫째, 국화주를 만들 때 국화를 어떻게 활용하는지, 즉 국화 투입 방법에 관한 것이다. 이는 국화를 찹쌀과 함께 찐 다음 숙성하는 방식, 말린 국화를 주머니에 넣어 술독 안에 매달아 국화 향을 입히는 방식, 국화를 달인 즙에 찹쌀밥과 누룩가루를 섞어 숙성하는 방식, 숙성된 술에 국화를 섞어 향을 더한 뒤 거르는 방식 등으로 나뉜다.

먼저 국화를 찹쌀과 함께 찌는 방식은 『향약집성방』에 기록되어 있는데,

---

41 의성김씨 청계공파 종택 소장본, 『온주법』, 안동시 · 안동상공회의소 지식재산센터 · 의성김씨 청계공파 종택, 2012, 45쪽.

42 김유 · 김령, 윤숙경 옮김, 앞의 책, 209쪽.

말린 감국의 가루를 찹쌀 위에 얹어 찐다. 국화를 찧거나 그대로 물에 달여 찹쌀밥과 누룩가루를 섞어 숙성하는 방식은 『동의보감』, 『온주법』, 『주찬』 등에 설명되어 있다. 다음으로 『수운잡방』, 『고사십이집』, 『규곤요람』에서는 말린 국화를 생명주 주머니, 명주 주머니, 모시 주머니 등에 담아 술 위에 손가락 하나 높이를 띄우고 술독에 매달아 국화 향이 술에 배도록 하는 방법이다. 이러한 방식은 1800년대 중후반 동춘당 송준길종가에 전해오는 『주식시의酒食是儀』를 비롯한 여러 문헌에 나타난다.

> 국화가 무성하게 필 때, 술이 한 말이면 꽃 두 되를 주머니에 넣어 술독 속에 달아 두면 향내가 술에 가득하다. 매화나 연화같이 향기가 있고 독이 없는 꽃은 다 이 방법을 쓴다. 꽃을 위에 뿌려도 좋지만 유자는 술에 잠기면 술맛이 살 것이다. 술 속에 넣지 말고 유자 껍질을 주머니에 넣어 달고 술독 위에 단단히 덮어 익히면 향취가 기이하다.[43]

『주식시의』에는 '꽃향기를 넣은 술을 만드는 방법'이라고 하여, 술 한 말에 국화 두 되를 주머니에 넣어 술독 안에 달아 두어 술에 향이 배게 하는 방법이 기록되어 있다. 이는 국화를 비롯한 매화, 연화처럼 향기가 있으면서 독이 없는 꽃에 적용할 수 있는 방법으로 설명하고 있다. 한편 유자의 경우 꽃을 술 위에 뿌려도 좋고 술에 잠기면 술맛이 더욱 좋아진다고 하며, 유자 껍질을 주머니에 넣어 술독에 달아 둔 뒤 덮개를 단단히 덮으면 향이 뛰어나다고 한다. 이러한 방법은 국화를 술에 직접 넣지 않고 국화 향기를 간접적으로 배게 하는 방식이다. 반면에 『향약집성방』, 『고사십이집』, 『윤씨음식

---

43 『주식시의(酒食是儀)』(조선시대 필사본 음식조리서의 용어 색인 DB 구축, http://ffr.krm.or.kr).

법』 등에서는 국화를 직접 술에 넣는 방식이 확인된다. 『향약집성방』과 『윤씨음식법』에서는 국화 가루에 찹쌀밥과 누룩을 섞어 숙성하는 방식을 설명하고, 『고사십이집』의 또 다른 방식에서는 꽃받침을 딴 감국을 이미 숙성된 술에 넣어 고루 섞은 다음 술을 거르는 방식을 설명하였다.

둘째, 국화주에 쓰는 국화 종류에 관한 것이다. 국화주에 주로 사용하는 국화는 감국과 황국이다. 국화의 종류를 확인하기 어려운 『규곤요람』을 제외하고는 국화의 종류가 분명하게 기록되어 있다. 『향약집성방』, 『동의보감』, 『고사십이집』, 『온주법』, 『주찬』에서는 국화주에 감국을 이용하고, 『수운잡방』과 『윤씨음식법』에서는 황국으로 국화주를 빚는다. 『동의보감』에서는 감국으로 국화주를 담그고 있으나 흰 국화가 더 좋다고도 한다.

셋째, 국화주 음용 방식에 관한 것이다. 고문헌에 기록된 국화주 만드는 법을 통해 국화주 마시는 방법도 확인할 수 있었다. 특별한 음용 방식을 제시한 것은 아니지만 따뜻하게 데워 마시는 방법이 공통적으로 나타난다. 특히 『동의보감』과 『온주법』에서는 맑은 국화주를 한 잔씩 데워 마시면 근골을 튼튼하게 하고 골수를 보호하여 수명을 늘리는 데 도움을 준다고 한다. 이는 국화주가 단순한 기호 음료를 넘어 약용으로도 활용되었음을 보여준다.

넷째, 국화주에 약재를 함께 넣어 만드는 방법에 관한 것이다. 『동의보감』, 『온주법』, 『주찬』에서는 국화주를 만들 때 국화와 함께 생지황生地黃, 지골피(구기자나무의 뿌리껍질)를 달여 쓴다고 한다. 생지황과 지골피는 대표적인 약재로 주로 약용주를 만들 때 쓰이는 재료이다. 앞서 살펴본 바와 같이 이러한 약재가 들어간 국화주를 따뜻하게 데워 마심으로써 그 약효를 더욱 높이고자 하였음을 알 수 있다.

이와 같이 전통적으로 국화주를 빚는 방식이 다양하다는 것을 알 수 있다.

국화주에 이용하는 국화는 감국과 황국 모두 가능하였고, 국화를 잘 말려서 가루로 쓰기도 하고 국화를 물에 달여 그 즙을 이용하기도 했다. 춘우재고택의 국화주처럼 국화를 찹쌀과 함께 찌는 방식도 있지만, 대체로 국화를 직접 넣어 술을 빚는 것보다 간접적으로 국화 향이 배게 하는 방식이었다. 또한 국화주를 약용으로 쓰기 위해 약재를 함께 쓰기도 하고 데워 마시는 방법을 권장하기도 했다.

한편 고문헌에서는 엿기름을 활용하여 국화주를 빚는 사례는 찾아보기 어려웠다. 춘우재고택의 국화주의 특징은 밑술 단계에서 엿기름을 넣어 술의 맛을 달게 하고 고두밥에 엿기름을 넣어 삭힌 물만 이용함으로써 술의 양도 늘리는 것이다. 하지만 전통 국화주를 만드는 데에는 곡물과 누룩을 사용하여 술을 숙성하는 방식이 주를 이룬다. 반면에 국화주 외의 술을 만들 때 엿기름을 활용한 사례는 드물게 찾아볼 수 있었다.

『동의보감』의 계명주鷄鳴酒처럼 곡물과 누룩가루, 엿기름을 곱게 갈아 엿과 함께 죽 속에 넣고 버무려 빚는 방식도 있다.[44] 경기도 남양주의 계명주(경기도 무형유산, 1987년 지정) 역시 옥수수와 수수를 가루로 내어 엿기름과 함께 은근히 끓인 뒤, 조청에 담가 둔 누룩과 솔잎을 섞어 숙성하는 방식으로 만든다.[45] 계명주라는 이름이 "저녁에 술을 빚으면 다음날 새벽닭이 울 때까지는 술이 다 익는다."는 뜻에서 유래한 것처럼 엿기름을 사용한 술은 익는 속도가 매우 빠르다. 강원도 정선의 강릉 최씨江陵崔氏 집안에서 전승되는 가양주인 '호랭이술'도 엿기름가루를 사용한다. 호랭이술은 기본적으로 탁주로 담그지만, 제주나 접빈용 약주로 사용할 때에는 엿기름가루를 물에 풀어 끓여 식힌 후 찹쌀 고두밥과 함께 밑술에 부어 숙성하여 쓴다.[46] 이처럼 전통

---

44 '雜方', 「雜病篇」 卷之九, 『동의보감(東醫寶鑑)』(한의학고전DB, https://mediclassics.kr).
45 윤숙자, '계명주(鷄鳴酒)', 한국민속대백과사전(https://folkency.nfm.go.kr).

가양주에서 엿기름을 사용하면 술의 숙성이 빨라지고 은은한 단맛이 더해져 전체적으로 부드러운 맛을 내는 특징이 있다. 이러한 점에서 볼 때, 춘우재고택의 국화주는 전통 국화주를 만드는 방법과는 달리 엿기름을 이용하여 빚는 전통 가양주의 제조 방식 일부를 응용하고 있는 것으로 보인다.

---

46 박록담, '호랭이술', 한국민속대백과사전(https://folkency.nfm.go.kr).

05

춘우재고택의 국화 활용 음식과 조리법

전통적으로 국화는 관상용이면서 식용으로도 활용도가 높은 꽃이다. 국화가 만발하는 가을에는 국화주 · 국화차 · 국화전 등 국화를 이용하여 다양한 음식을 만들어 먹었다. 예로부터 국화를 활용한 음식은 중양절重陽節의 대표 절식節食이기도 했다. 음력 9월 9일은 한 해의 마지막 양기가 가득한 달이라는 의미에서 중양절 또는 중구일이라고 한다. 중양절은 중국으로부터 전해왔으나 우리나라에서도 신라 이래 국가와 민간 차원에서 다양한 행사가 이루어졌다. 중양절의 여러 행사 가운데 붉은 주머니에 수유茱萸를 담아서 팔뚝에 걸고 높은 산에 올라가 모자를 떨어뜨리고 국화주를 마시는 '등고登高'라는 풍속이 있다.

黃花微綻近重陽　　국화가 살며시 터져라 중양이 다가오니
秋色林亭滿意涼　　임정의 가을 풍경은 한껏 서늘하다마는

未識登高更何處　　모르겠노라 다시 어느 높은 산을 오를꼬
龍山落帽想豪狂　　용산서 모자 떨군 호광만 상상할 뿐이네
蛩聲已斷月流夜　　귀뚜라미 소리 멎고 달빛은 밤에 흐를 제
鴈影初飛天早霜　　기러기 처음 날아가고 이른 서리 내렸네
古往今來須酩酊　　고금 역사 흐르는 속에 한껏 취해나 보자
共吾流轉是風光　　나와 함께 변천하는 게 바로 풍광이거니[47]

고려시대 이색李穡(1328~1396)이 쓴 『목은집牧隱集』의 「목은시고牧隱詩藁」에서도 중양절의 모습을 짐작할 수 있다. 중양절이 다가오면 국화가 만발하고 높은 산에 오르는 풍속이 있었다. 또한 이색의 시에서는 고사를 인용하여 높은 산을 상징적으로 말해주는 용산龍山이 등장하며 중양절이 모자를 떨어뜨려도 모를 정도로 풍류를 즐기는 날이라는 점을 알 수 있다.

조선시대 여러 세시기歲時記에는 중양절에 국화주를 비롯한 국화로 만든 음식을 먹는 풍속이 기록되어 있다. 추재秋齋 조수삼趙秀三(1762~1849)이 1795년에 쓴 『세시기』에는 9월 19일에 사람들은 높은 곳에 올라가 여럿이 모여 국화주를 마시니 이를 국화를 지니고 즐기는 아름다운 절기라고 했다(人作登高會 飮菊花酒 謂之佩菊佳節).[48] 그리고 소유小游 권용정權用正(1801~?)이 쓴 『한양세시기漢陽歲時記』에는 9월 9일에는 사당에 국화떡을 바친다고 했다(九月 廟薦菊花餻).[49]

홍석모가 1849년에 쓴 『동국세시기東國歲時記』에는 9월 중양절에 등고하

47 李穡, '重九已近', 「牧隱詩藁」 第二十五卷, 『牧隱集』(한국고전종합DB, https://db.itkc.or.kr).
48 조수삼, 『세시기(歲時記)』(국립민속박물관, 『조선대세시기I』, 민속원, 2003, 60~61쪽 참고).
49 권용정, 『한양세시기(漢陽歲時記)』(국립민속박물관, 『조선대세시기I』, 민속원, 2003, 175쪽 참고).

는 중국의 옛 풍습을 따라 서울 사람들이 남산과 북악에 올라가 음식을 먹으면서 즐겁게 논다고 하였다.[50] 이날은 산에서 자라는 황국黃菊 꽃잎을 따다가 국화 찹쌀떡을 만드는데 이를 화전이라고 하며 송나라 사람 맹원로孟元老의 『동경몽화록東京夢華錄』에 "도시 사람들이 중구, 즉 중양절에 가루로 떡을 쪄서 서로 선물한다."고 하였다는 데서 지금의 국화떡이 유래한 것으로 설명한다.[51] 이와 같이 국화는 중양절 절식에 많이 활용되었다.

> 힘들지 힘 안 들지는 않지. 1년에 제사 12번에 추석하고 설까지 15번이에요. 추석에도 4상 차리고 설에도 4상 차려요. 기제사 12번, 제사가 그렇게 많아요. 손님이 오면 요새는 차 가지고 와서 아무리 귀한 손님도 당일 가는 사람이 많잖아요. 그때는 오시면 2박 3일씩 주무시고 가시는 어른들이 많았어요. …(중략)… 요즘 생각하면 그때 어떻게 했는지 몰라요. 불 때어서 하고 불도 안 좋았어요. 그래도 어째 다 하고 지냈어요. 어떤 때에는 내가 앞치마를 입고 정신없이 씻지도 않고 들어가서 누울 때도 있었어요. …(중략)… 우리는 석달에 제사가 4번인 적도 있어요. 제사 지내고 바로 설이고 그러면 다른 걸 먹을 시간이 없어요. 제사 음식을 계속 먹어야 하는 때도 있어요.[52]

한편 춘우재고택의 가양주로 전승되어 온 국화주는 제주祭酒와 잔치에 쓰였고 손님 대접에도 귀한 술로 이용되었다. 즉 국화주를 빚는 목적은 봉제사 접빈객을 위한 것이라 해도 무방하다. 위의 조동임 씨의 구술에서도 춘우재고택을 찾는 손님들이 얼마나 많았는지 알 수 있다. 춘우재고택에서는 4대

50 홍석모 지음, 정승모 옮김, 『동국세시기』, 풀빛, 2009, 164쪽 참고.
51 홍석모 지음, 정승모 옮김, 위의 책, 2009, 163쪽 참고.
52 조동임(여, 1949년생)의 구술(2025년 7월 4일, 춘우재고택).

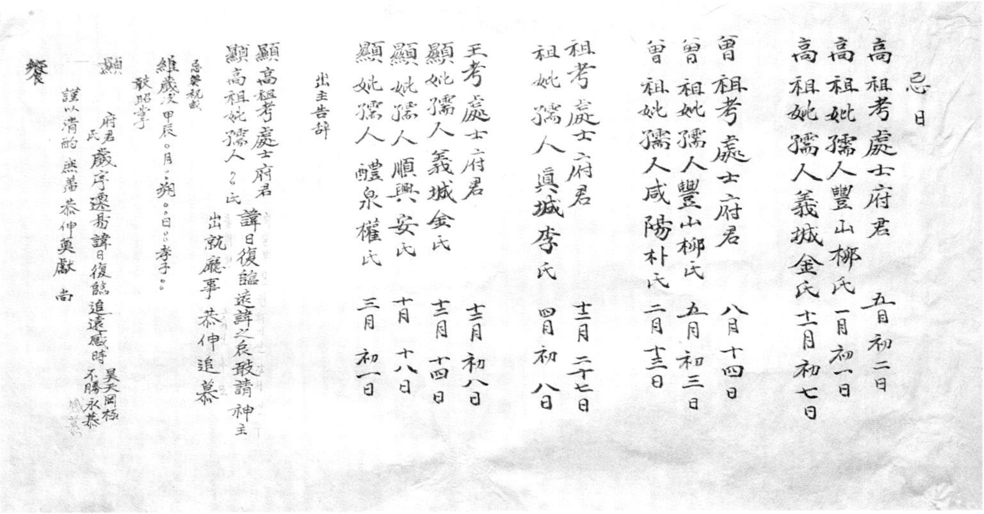
忌日
高祖考處士府君 五月初二日
高祖妣孺人豊山柳氏 一月初一日
高祖妣孺人義城金氏 十一月初七日
曾祖考處士府君 八月十四日
曾祖妣孺人豊山柳氏 五月初三日
曾祖妣孺人咸陽朴氏 二月十三日
祖考處士府君 十二月二十七日
祖妣孺人眞城李氏 四月初八日
王考處士府君 十二月初八日
顯妣孺人義城金氏 十二月十四日
顯妣孺人順興安氏 十月十八日
顯妣孺人醴泉權氏 三月初一日

出主告辭
顯高祖考處士府君
顯高祖妣孺人○○氏 諱日復臨 遠諱之辰 敢請 神主
出就廳事 恭伸追慕

忌祭祝式
維歲次甲辰○月○○朔○○日○○孝子○○
敢昭告于
顯
府君 歲序遷易 諱日復臨 追遠感時 昊天罔極 不勝永慕
謹以淸酌庶羞 恭伸奠獻 尙
饗

기제사 기일 필자 촬영

조 봉제사와 명절 차례에 국화주를 올렸으나 3년 전부터 명절 차례에는 국화주 대신 국화차를 올린다. 이는 차례의 의미를 다시 살리려는 뜻에서 이루어진 것이다. 명절과 추석 차례 때는 사당에서 4대조에게 국화주와 제물을 올렸으나 설 차례에는 국화차와 떡국, 간단한 제물을 올리고, 추석 차례에는 국화차만 올리고 성묘하는 것으로 바뀌었다.

현재 춘우재고택에서는 1년에 총 13회의 기제사가 있으며, 음력 6월, 7월, 9월을 제외한 모든 달에 제사가 있다. 특히 음력 5월에는 두 차례, 12월에는 세 차례의 기제사가 있어 1년 동안 최소 12회 이상 제례를 위해 국화주를 빚는다. 겨울철에는 세 번의 기제사와 설 명절이 연이어 있으므로 평소보다 국화주를 많이 담근다. 과거 냉장 시설이 발달하기 전에는 제례용으로 담근 국화주가 남으면 손님 대접용으로도 사용했지만, 여름철에는 보관이 어려워

제례에 쓸 양만큼만 빚었다. 요즘에는 고택을 방문하는 손님들이 꾸준하게 있어 권창용 · 조동임 씨 부부는 1년 내내 국화주가 떨어지지 않도록 담그는 편이다. 한편 국화주는 부조로도 쓰였는데 집에서 잔치를 치르던 시절에는 국화주 부조가 가장 귀한 부조로 여겨졌다.

> 겨울에 감기 들면 국화 뿌리 가지도 달여서 감기약으로 해요. 대나무 소엽도 넣고 밤도 넣고 어른들이 밤도 넣고 대추도 넣고 다 넣어요. 실파 뿌리도 넣고 배도 있으면 넣죠. 곶감도 해서 넣고. 그 물을 달여서 먹으면 어른들도 마시고 애들도 마시고 그러면 감기가 나아요.[53]

춘우재고택에서 재배하는 국화는 뿌리부터 잎까지 버리는 부분 없이 음식과 약으로 활용한다. 국화 뿌리는 대나무소엽, 밤, 대추, 실파 뿌리, 배, 곶감 등을 넣고 달여서 감기약으로 사용하며 남녀노소 누구나 먹을 수 있다. 국화잎은 국화 뿌리에 비해 활용 범위가 넓다. 국화잎은 대부분 술을 담그는데 사용하지만, 일부는 차로 달여 마시거나 챗물을 만들어 먹고 전을 부쳐 제물로 올리기도 한다. 이처럼 국화를 이용한 음식의 조리법을 살펴보면 다음과 같다.

> 〈국화챗물〉
>
> 국화잎을 하나씩 뜯어서 밀가루나 고구마가루나 묻혀요. 그리고 물 팔팔 끓을 때 넣으면 (국화잎이) 반들반들해져요. 그래서 오이냉국 하듯이 그렇게 해서 먹는 거예요. 냉국 같지. 챗물이라고 하지 냉국을요. 그런 다음에 물에 국간장하고 마

53 권창용(남, 1946년생)의 구술(2025년 7월 29일, 춘우재고택).

늘 다진 거 하고 식초하고 넣어가 오이냉국 하듯이 해서 먹어요.[54]

국화챗물은 국화잎으로 만든 일종의 냉국이다. 국화잎을 하나씩 뜯어 밀가루 또는 고구마가루를 살짝 입힌 다음에 팔팔 끓는 물에 데친다. 그런 다음 물에 국간장, 다진 마늘, 식초 등으로 양념하여 데친 국화잎을 넣어 오이냉국처럼 만들어 먹는다. 국화챗물은 가을철에 즐겨 만드는 부식이자 별식이다.

<국화차, 국화전>

우리 국화는 독소가 없어서 바로바로 차로 만들 수가 있어요. 국화를 말려서 차로 해요. 차로 하는 건은 조금 덜 핀 것이어야 해요. 꽃이 완전히 핀 건 화전 해 먹고 덜 핀 거는 말려뒀다가 물 뿌려서 덜 핀 거 말려서 차로 마시고요. 말리는 것도 너무 햇볕에 말리면 안되죠. 좋지 않은데 음지에다가 말리면 세지고. 조금 음지에 말려요. 색깔이 그대로 나타나요. 노랗게 물도 노랗게 아주 국화 노란색이 그냥 나요. 가을에 말려놓으면 차는 계속 먹을 수 있어요. 우리집 국화가 다른 집보다 좀 굵어요. 국화잎을 닦아서 찹쌀가루를 반죽해서 눌러 구우면 위에 국화를 동글동글하게 얹어가 자근자근 눌러버려요. 좀 납작하게 펴서 참기름 위에 살짝 발라버려요. 그리고 단 거 있으면 꿀이나 적게 살짝 발라버리면 제사 때도 이거 올리고요.[55]

국화를 수확할 때 만개하지 않은 꽃은 음지에서 적당히 잘 말려 두었다가

54 조동임(여, 1949년생)의 구술(2025년 7월 4일, 춘우재고택).

55 조동임(여, 1949년생)의 구술(2025년 7월 4일, 춘우재고택).

차로 이용한다. 국화를 양지보다 음지에서 말리면 국화 본연의 색감을 더 잘 보존할 수 있어 차로 우릴 때 더욱 좋다. 국화차의 조리법은 특별히 까다롭지 않다. 물을 끓인 뒤 적당량의 국화를 넣어 노란빛이 은은하게 우러나면 마시면 된다. 국화차는 손님에게 대접하는 음식이었으나 최근에는 차례에도 올리는 음식이 되었다.

국화차 필자 촬영

국화전은 국화꽃에 찹쌀가루를 묻혀 구운 전이다. 봄철에 진달래와 같은 봄꽃으로 화전을 하는 것처럼 가을에는 국화꽃으로 화전을 한다. 만개한 국화꽃을 납작하게 눌러서 찹쌀가루를 묻힌 다음 기름에 노릇하게 굽는다. 그리고선 참기름을 바르고 꿀을 살짝 바르기도 한다. 국화전은 제사 때 제물로 올리고 손님상에도 내어놓는 음식으로 봉제사 접빈객을 위한 음식으로 전승된다.

이처럼 춘우재고택에서는 국화를 의례용·접빈용·약용 등 다양한 용도로 활용하고 있다. 특히 국화주·국화차·국화전 등은 봉제사와 접빈객을 위한 중요한 음식으로 전승되었다. 무엇보다 국화를 활용한 음식이 춘우재고택의 내림음식으로 전승되는 것은 오랜 세월 고택 주변에서 손쉽게 구할 수 있는 자원을 음식에 활용해 온 고택 사람들의 지혜가 있었기 때문이다.

06

춘우재고택의 내림음식과 조리법

춘우재고택에서는 국화를 활용한 음식 외에도 다양한 내림음식의 전통을 이어오고 있다. 춘우재고택의 내림음식은 여러 세대를 거쳐 현재까지 전승되는 것도 있고, 전승이 단절된 것도 있으며, 춘우재 권진의 13대손부 조동임 씨가 시집온 이후에 새롭게 만든 것도 있다. 국화주가 춘우재고택의 대표 가양주라면 점주는 대표 음청류다. 즉 춘우재고택의 내림음식으로는 가양주인 국화주와 음청류인 점주와 어울리는 음식이 전승된다. 앞서 살펴본 바와 같이 국화를 활용한 음식을 제외하면 집장, 녹두전, 육포, 육전, 꿩장, 대구보풀음, 산적, 약밥, 증편, 가지불고기, 생강편, 호두정과 등이 있다.

> 우리는 점주 술이 아니에요. 점주라고 그러면 술인 줄 알아요. 먹기 좋으라고 빡빡하잖아요. 옛날에는 하기가 힘들어 가지고 시집 가고 장가 가고 뭐 큰일 있을 때만 조금 해서 이래 놓는 거래요. 다른 사람들이 우리 점주는 특별하다 그러잖아

요. 감주보다 훨씬 맛있어요. 옛날에는 항아리에 안쳐 가지고 솥에다 물을 넣고 중탕을 해서 손이 많이 갔는데 요새는 전기밥솥에 해서 좀 쉽죠. 점주는 찹쌀이 많이 들어가고 엿기름이 들어가니까 설탕을 거의 안 넣잖아요. 쌀에서 단맛이 우러나오는 거예요.[56]

점주는 찹쌀과 엿기름을 삭힌 음청류로 감주(단술)보다 고급 음청류에 해당한다. 찹쌀과 엿기름으로 만든다는 점에서 점주와 감주는 유사하지만 감주는 끓여서 삭히고 점주는 중탕을 한다는 점에서 조리법의 차이가 있다. 또한 곡물이 귀한 시절에 감주는 멥쌀로 만들어도 점주는 찹쌀로 만든다는 점에서 점주가 고급 음청류였음을 알 수 있다. 특히 혼례와 같은 길사의 부조로도 이용했다. 그러나 점주는 만들기도 어렵고 찹쌀도 많이 들어가므로 아주 가까운 사람에게만 부조로 보낸다.

점주 재료 필자 촬영

점주용 찹쌀 고두밥 찌기 필자 촬영

56 조동임(여, 1949년생)의 구술(2025년 3월 10일, 춘우재고택).

엿기름 물에 치대기 필자 촬영

엿기름 맑은 물과 고두밥 섞기 필자 촬영

엿기름 고두밥 삭히기 필자 촬영

완성된 점주 김민철 촬영

점주 필자 촬영

점주의 재료는 찹쌀 2되, 엿기름 1kg 이상, 물 6L 정도이다. 엿기름은 1kg 이상 들어가는 편인데 매번 조금씩 다르다. 찹쌀은 씻어서 8시간 불려 가마솥에 채반을 얹어 40분간 고두밥으로 찐 뒤 식힌다. 엿기름은 물에 치대어 가라앉힌 다음 맑은 윗물만 쓴다. 찹쌀 고두밥이 완전히 식으면 엿기름물과 섞어 전기밥솥에 보온으로 8시간 삭힌다. 전기밥솥을 사용하기 전에는 가마솥 안에 항아리를 넣고 중탕하여 만들었다.

점주는 주로 술을 마시지 않는 손님에게 다과와 함께 내어놓는 음청류다. 점주는 물보다 곡물의 비중이 훨씬 높아 찹쌀이 '빡빡하게' 많이 들어가며 색은 매우 맑고 투명하다. 다시 말해, 점주의 물은 찹쌀을 잘 먹기 위해 거들 정도로만 있는 느낌이다. 그리고 찹쌀을 쪄서 부드럽게 만들고 엿기름을 치대어 아주 맑은 물만 사용하기 때문에 점주는 단맛이 강하면서도 부드러운 맛을 낸다.

> 집장은 여러 가지 모은다는 거잖아요. 메주가루에다 모든 걸 다 말려서 넣어요. 채소를 다 말려서 넣어요. 호박, 가지, 고추 말린 거 하고요 대파, 고추잎, 생고추, 버섯, 멸치, 오징어 이런 거 넣어요. 메주가루하고 조청을 만들어서 조청은 고추장 하는 농도로 해서 거기에 메주가루하고 열두 가지 재료를 맞춰 넣어요. 전에는 솥에다 삭혔는데 전기밥솥 나오고는 이틀이면 삭아요. 색깔 잘 보면서 맞춰요. 예전에는 재료를 솥에 넣어서 등겨불로 은은하게 불을 계속 넣어요. 하루는 불을 때요. 그리고 물을 또 부어요. 그거는 귀한 음식이고 반찬도 되고 술안주도 돼요. 손님들 오면 여기 집장 있네, 그러는 사람들이 있어요.[57]

57 조동임(여, 1949년생)의 구술(2025년 7월 29일, 춘우재고택).

집장은 최근에 자주 해서 먹는 음식은 아니지만 춘우재고택의 대표 내림음식 가운데 하나이다. 집장은 채소를 중심으로 한 12가지 재료에 메주가루와 조청을 넣어 삭힌 음식이다. 주로 가을에 말려 둔 채소를 활용한다. 12가지 재료에는 호박, 가지, 대파, 생고추, 고춧잎, 버섯, 멸치, 오징어 등이 포함된다. 조청은 고추장 만들 때의 농도와 비슷하게 만들고 메주가루와 12가지 재료를 섞은 다음 소금과 다진 마늘을 넣어 간을 하여 솥에 넣어 삭힌다. 과거에는 등겨로 은근하게 하루 정도 불을 때었는데 요즘에는 전기밥솥에 보온으로 하루 반 정도 삭히면 된다. 집장은 한 가지 음식에 여러 종류의 재료가 들어가는 고급 반찬이고 술안주로 내어놓는 귀한 음식이었다.

집장 필자 촬영

주로 국화주는 집에서 기른 채소로 만든 전과 함께 먹는 경우가 많았다. 호박, 가지, 배추, 무 등 집에서 기르는 채소로 전을 부쳐 먹었다. 채소전은 계절과 관계없이 손쉽게 만들어 먹을 수 있는 음식이었다. 이러한 채소전보다 고급 전으로는 녹두전이 있었는데 자주 만들어 먹지는 못했다. 지금은 식재료가 풍부해지면서 국화주와 어울리는 음식도 다양해졌으나 과거에는 녹두전만 부쳐도 국화주의 고급 안주가 되었다. 녹두전은 녹두 껍질을 벗겨 곱게 간 다음 돼지고기 간 것과 신김치, 숙주나물을 작게 썰어 넣고 찹쌀가루도 조금 넣어 기름에 지진 것이다. 녹두전에는 고춧가루가 소량 들어가므로 칼칼한 맛도 나서 술을 많이 마시게 된다.

요즘에는 육전 같은 거 하지만 예전에는 육포를 했어요. 육포도 소는 비싸서 못하고 노루로 했어요. 요즘 와서 소고기로 하지 옛날에는 소를 못 잡았어요. 재산이니까. 노루고기를 간장에 졸여 가지고 참기름 발라서 말려서 술안주로 했어요.[58]

꿩고기는 장을 만들었어요. 꿩짱. 꿩하고 된장하고 요새 소고기볶음처럼 꿩고기에 된장을 넣고 볶아요. 그리고 참기름, 다진 마늘 양념을 넣어서 꿩장을 만들어요. 꿩고기를 잘 다져서 볶아요. 꿩고기는 잡내가 없어요.[59]

육포와 육전은 고급 술안주였으며 요즘도 자주 만드는 음식이다. 요즘에는 육전을 많이 하지만 과거에는 육포를 더 많이 만들었다. 다만 소고기가 귀하므로 노루고기로 육포를 만들었다. 노루고기를 얇게 포를 떠서 간장과 참기름을 발라 그늘에서 여러 차례 말렸다. 3~4일 정도 말려 완전히 마르면 먹을 수 있다. 최근 육포는 술안주로도 먹지만 다과상에 올리기도 한다. 육전은 계란 노른자와 흰자를 각각 입혀 구워 맛도 좋지만 보기에도 국화주와 잘 어울린다. 최근에는 소고기로 산적을 자주 만드는데, 소고기, 당근, 새송이버섯, 두릅을 꼬지에 꽂아서 계란을 입혀 부친다.

지금처럼 육류를 흔하게 먹을 수 없던 시절에는 꿩고기를 많이 먹었다. 춘우재고택의 대표적인 꿩고기 음식으로는 꿩장이 있다. 꿩장은 꿩고기를 잘게 다진 다음 된장, 참기름, 다진 마늘 등의 양념을 넣어 볶은 것이다.

58 권창용(남, 1946년생)의 구술(2025년 7월 29일, 춘우재고택).
59 조동임(여, 1949년생)의 구술(2025년 7월 29일, 춘우재고택).

육전 필자 촬영

호두정과, 생강편, 육포 필자 촬영

제사에 쓰는 대구포와 명태포를 보풀음으로 만들어 국화주 안주로 즐겨 먹는다. 보풀음은 마른 생선의 살을 가늘게 찢은 다음 소금, 참기름 등으로 최소한의 간을 하여 만든 음식이다. 보풀음은 식감이 매우 부드러우므로 어른의 반찬으로 많이 쓰이고 손님상에도 내어놓는 음식이다. 요즘에는 주로 제사에 명태포를 쓰면서 명태보풀음을 많이 만들지만 과거에는 대구포를 제사에 많이 써서 대구보풀음을 자주 만들었다. 대구포가 명태포보다 크고 맛이 더 좋다고 한다.

명태보풀음 필자 촬영

국화주와 내림음식 필자 촬영

예전에는 다과상에 점주하고 떡이 많이 나갔어요. 떡은 계절마다 다르죠. 여름에는 증편이고 겨울에는 절편하고 가을에는 인절미도 했죠. 요즘에는 과일도 잘 먹지만 그때는 과일이 없었죠. 있어도 돌배. 집사람이 증편을 참 잘했어요. 제사에도 올리고요. 멥쌀에 찹쌀 조금만 넣고 콩가루도 좀 넣고 막걸리 넣고 해서 삭히면 풀풀 일어나요. 반죽을 해 놓으면 아침에 부풀어 오르고 채반에 쪄요.[60]

점주와 잘 어울리는 음식으로는 떡, 약밥, 생강편 등이 있다. 떡은 계절마다 다른 종류로 마련하는데 여름에는 증편, 겨울에는 절편, 가을에는 인절미가 대표적이다. 권창용 씨가 자랑할 만큼 조동임 씨는 증편을 잘 만들었다. 증편은 제사의 제물로도 쓰고 다과상에도 올린다. 멥쌀에 찹쌀가루를 조금 섞고 콩가루와 막걸리 등을 섞어 저녁에 두면 다음날 반죽이 부풀어 오르는데 이를 채반에 얹어 찌면 증편이 된다.

약밥의 재료는 찹쌀, 말린 대추, 밤, 볶은 땅콩, 건포도, 흑설탕, 진간장, 소금, 계피가루, 참기름, 꿀 등이다. 찹쌀은 물에 잠시 불려서 물기를 빼둔다. 대추는 식초를 넣은 물로 깨끗하게 씻어 채를 썬다. 그리고 모든 재료를 섞어 밥을 짓듯이 하고 먹기 좋은 크기로 자른다. 고명으로 잣을 올려도 좋다.

가지를 전처럼 구워서 불고기라고 했어요. 그런데 고기는 없고 가지로만 만들어요. 집간장만 하면 쓰니까 샘표 간장 3분의 2, 집간장 3분의 1로 하고 다진 마늘, 파, 고춧가루, 참기름으로 양념장을 해요. 그리고 양파를 잘게 넣는데 여기서 제일 포인트가 양파에요.[61]

---

60 권창용(남, 1946년생)의 구술(2025년 7월 29일, 춘우재고택).

61 조동임(여, 1949년생)의 구술(2025년 7월 29일, 춘우재고택).

가지불고기는 조동임 씨가 시집온 이후에 만들어 먹기 시작한 음식이다. 춘우재고택에서는 주로 제철에 나는 재료로 음식을 만드는데 가지가 많이 나는 6월이면 가지로 만든 음식을 자주 해 먹는다. 일반적으로 가지찜이나 가지무침이 흔하지만, 춘우재고택에서는 가지를 구워 양념장을 얹어 먹는 방식으로 조리한다. 가지를 굽는다는 의미에서 '가지불고기'로 이름을 붙였는데 간혹 고기가 없는데도 왜 불고기라고 부르느냐고 묻는 사람들도 있다.

가지불고기 필자 촬영

가지불고기의 조리법은 다음과 같다. 가지를 토막 낸 뒤 길게 4등분으로 자르되 가지 끝 부분은 자르지 않는다. 기름을 두른 팬에 가지를 구운 후 양념장을 얹어 낸다. 양념장은 집간장과 양조간장을 1:3의 비율로 섞고 고춧가루, 다진 마늘, 잘게 썬 파 그리고 양파, 참기름을 넣어 만든다. 가지불고기의 핵심은 양념장에 잘게 썬 양파를 넉넉히 넣는 데 있다. 기름에 구운 가지의 느끼함을 짭짤한 양념과 아삭한 양파가 잡아주므로 여름철 반찬으로 손색이 없다.

춘우재고택의 내림음식은 봉제사 접빈객을 위한 제례음식과 접빈음식의 형태로 전승되고 있었다. 또한 주변에서 쉽게 구할 수 있는 제철 재료를 활용하여 만든 소박한 음식이 많고 그 속에는 정성과 생활의 지혜가 담겨 있다. 고택에서 기른 국화로 국화주를 빚어 제주와 접빈음식으로 사용하고 술을 마시지 않는 손님에게는 음청류로 점주를 만들어 대접한다. 특히 국화주와 점주를 중심으로 어울리는 여러 종류의 음식이 춘우재고택의 내림음식으로 면면히 이어져 오고 있다. 내림음식 가운데 전승이 단절된 것도 있고 현대에 새롭게 만들어져 전해지는 음식도 있었다.

07

춘우재고택의 내림음식 문화와 전승활동

사람을 차별하지 않고 열린 마음으로 대하는 춘우재고택의 가풍은 며느리가 자신의 음식솜씨를 마음껏 발휘할 수 있는 기반이 되었다. 1974년에 경북 영양 주실마을에서 시집온 춘우재 권진의 13대손부 조동임 씨에게 당시 집안 어른들은 "남자가 여자를 지배하는 시대는 끝났다."고 말하며, 어린 며느리가 자신의 뜻을 펼치고 시집살이를 원만하게 해 나갈 수 있도록 배려하였다. 이는 가부장적이고 권위적인 질서에 치우치지 않는 춘우재고택의 특성을 보여준다.

> 74년도에 친정이 영양 주실마을인데 그때 우리 또래 여성들이 종가집에 농사 많이 짓는 데는 시집을 안가려고 하는 그런 시대였다. 그런데 나는 어릴 때부터 이상하게 큰 집이 좋았고 시집을 양반 집이 아닌데는 안 간다고 생각했어요. 혼인 말이 날 때보니 어른들이 이제는 남자가 여자를 지배하는 시대는 끝났다고 하더

라고요. 그래서 여자가 남자한테 구속되서 살지는 않겠구나 하는 생각을 했었지요. 50년이 지나도 그 마음이 변함없이 늘 가족을 아껴주는 그런 마음으로 살아서 후회하지 않아요. 친정에서 나는 음식하는 걸 원래 좋아했어요. 우리 친정 종가집은 영양 주실 호은종택인데 그 할머니가 그 시절만 해도 기관장님이 바뀌면 종가집에 꼭 방문을 했는데 그러면 심부름 하는 아이를 나한테 보내요. 그러면 종가에 가서 음식도 하고 손님 대접하는 걸 옆에서 보고 이 큰집에 사는 게 참 좋다 이런 생각을 했어요. 누구라도 자기가 하고 싶어 하는 건 힘 안들이고 하잖아요. 남이 시켜가지고 하면 하기 싫고 힘들잖아요. 나는 살면서 힘들다는 생각을 안하고 사는 거 같아요. 대소가 어른들도 계시고 음식 잘하시는 분들도 계시고 내 나이가 26살이니까 겁을 안 냈어요. 겁냈으면 못 했을 거 같은데 겁을 안 냈어요.[62]

조동임 씨는 어릴 때부터 종가와 반가의 문화가 익숙한 환경에서 자라면서 음식 조리에도 관심이 많았다. 이러한 성장 배경은 훗날 '큰 집'에 시집을 가겠다는 마음으로 이어졌고 실제 시집살이를 하는 데에도 큰 도움이 되었다고 한다. 그 덕분에 시집온 해 가을에 시어머니와 함께 국화주를 담글 때도, 많은 제사와 손님을 접빈할 때도 두려움 없이 오히려 반가운 마음으로 음식을 만들 수 있었다. 또한 시집와서 지금까지 살면서 한결같이 가족과 자신을 아껴주는 남편이 있었기에 춘우재고택에서의 삶을 후회해 본 적이 없다고 한다.

춘우재고택의 음식 맛이 좋다는 평은 널리 알려져 있으며, 오늘날까지도 고택을 방문하는 손님이 끊이지 않는다. 이러한 명성을 이어가는 데에는 오랫동안 사회활동을 펼쳐 온 남편 권창용 씨의 역할도 크다. 권창용 씨는 맏

62 조동임(여, 1949년생)의 구술(2025년 7월 4일, 춘우재고택).

아들은 아니지만 집안의 사정으로 가계를 계승하게 되었고 일찍 부모를 여의었다. 20대 후반에는 인삼 장사를 하였고, 이때 조동임 씨를 만나 혼인하였다.

혼인 이후에는 주로 벼농사를 하면서 생활하였는데, 44세 되던 해에 조동임 씨의 권유로 농협조합장에 출마하면서 본격적인 사회활동을 시작하게 되었다. 처음 제안을 들었을 때는 농사로 바쁠뿐더러 사회생활 경험이 없다는 이유로 망설였다. 그러나 조동임 씨는 "이 사람 사는 것을 보니까 참 열심히 살고 농촌에서만 있기에는 아깝다."며 남편을 믿고 적극적으로 응원해줬다.

그 결과 권창용 씨는 임기 4년의 농협조합장을 12년간 역임했고, 그 기간 동안 예천문화원 이사 활동도 하면서 농사도 병행했다. 이후 71세에는 예천문화원장으로 취임하여 8년 동안 지역문화 발전에 힘썼다. 그동안 조동임 씨는 고택을 찾는 손님을 위해 정성을 다해 음식을 마련해 왔다.

권창용 · 조동임 씨 부부가 고택을 지키며 중요하게 여겨 온 일 중 하나는 선조 대부터 약 370년 이상 이어져 온 국화를 기르는 것이다. 몇 년간 고택을 수리하는 과정에서 국화를 많이 잃기도 했지만, 울타리 한쪽에 남아 있던 국화 몇 포기를 옮겨 심어가며 정성껏 보살피고 다시 잘 기르고 있다. 부부가 국화를 이렇게 소중하게 여겨온 것은 춘우재고택의 내림음식 전통이 바로 이 국화로부터 비롯되기 때문이다. 마당에서 기른 국화를 첫서리가 오기 전에 수확하여 음지에서 잘 말린 뒤 국화주 · 국화차 · 국화전 · 국화챗물을 만드는 데 사용한다. 이처럼 국화를 활용하여 만든 내림음식은 조상에게 올리고, 고택을 찾는 손님에게도 대접하는 춘우재고택의 고유한 음식 전통으로 이어지고 있다.

춘우재고택에서는 가양주인 국화주와 잘 어울리는 음식도 함께 전승되고 있는데, 이는 대부분 집에서 기른 제철 재료를 활용한 음식이다. 평소 집에서 기른 채소로 각종 전을 부쳐 먹었고 가끔 녹두전을 부치기라도 하면 국화주와 어울리는 귀한 안주가 되었다. 또한 고택 마당 텃밭에서 기르는 갖은 채소는 잘 말려 두었다가 집장을 만들 때도 훌륭한 재료가 되었다. 일반적으로 집에서는 말린 채소만으로 집장을 만드는 경우가 많은데 춘우재고택에서는 말린 채소 외에도 멸치, 오징어 등을 함께 넣어 집장을 만들어 더욱 고급스러운 맛을 냈다.

제사가 많은 춘우재고택에서는 제사에 사용한 대구포와 명태포를 보풀음으로 만들어 술안주나 접빈 반찬으로 내어놓았다. 제물이 점차 간소화되면서 대구포보다 명태포를 더 많이 쓰게 되었고 요즘은 명태보풀음을 더 자주 만든다. 한편 육류가 부족했던 시절에는 소고기가 귀해서 노루고기로 육포를 만들었고 꿩고기로 꿩장을 만들었다. 이는 국화주와 더할 나위 없이 잘 어울리는 안주였다. 그리고 여름철에 많이 나는 가지로는 가지불고기를 만들어 먹었는데, 이는 보통 가지무침이나 가지찜이 주를 이루는 일반적인 가

〈2025 경북 전통주&종가음식 문화대축전〉
춘우재고택 내림음식 전시 필자 촬영

〈2025 안동 전통주 박람회〉
춘우재고택 내림음식 전시 필자 촬영

지요리와는 다른 춘우재고택만의 조리법이다. 같은 음식이라도 재료와 조리법을 달리하여 춘우재고택만의 내림음식으로 전승되어 오고 있다.

또한 춘우재고택에서는 술을 마시지 않는 손님에 대한 배려도 잊지 않았다. 찹쌀과 엿기름으로 만든 고급 음청류인 점주를 항상 만들어 둔다. 곡물이 귀한 시절에도 점주는 접빈상에 빠지지 않는 음식이었다. 점주는 약밥, 생강편, 증편, 육포, 호두정과 등과 잘 어울린다.

〈춘우재고택 대외 활동〉[63]

-2009년 11월 22일: KBS 도전디미방

-2011년 3월 22일: KBS 모닝와이드

-2011년 9월 12일: KBS 추석특집

-2011년 12월 10일: KBS 생생정보통

-2012년 4월 16일: KBS 여유단만

-2012년 10월 10일: KBS 여유만만

-2012년 11월 6일: 올리브TV 최지우의 딜리셔스 코리아

-2013년 2월 10일: KBS 설특집 섬김과 나눔(삶)

-2015년 8월 10일: KBS 한국인의 밥상(최불암)

-2017년 9월 20~23일: 더프라자호텔 한국종가음식 프로모션

TBC 보름 찰밥

MBC 가지불고기

MBC 호박떡, 집장, 다수 출연

---

63 조동임 씨가 정리해 둔 자료를 토대로 필자가 조사한 내용을 추가하여 정리함.

-2008년~현재: 한국국학진흥원 〈종가포럼〉 내림음식 출품

-2017년 9월 22일: 포항 〈경북식품박람회〉 춘우재종가 음식 전시

-2021년 10월 8일~10일: 구미 〈경북식품박람회〉 춘우재종가 음식 전시

-2022년 9월 30일~10월 2일: 경주 〈경북식품박람회〉 춘우재종가 음식 전시

-2023년 9월 1일~3일: 경주 〈경북식품박람회〉 춘우재종가 음식 전시

-2023년 10월 20일~22일: 〈경북전통주 문화대축전 in 안동〉 전시

-2024년 10월 18일~20일: 〈2024 경북 전통주&종가음식 문화대축전 in 안동〉 전시

-2025년 6월 20일~22일: 〈2025 경북 전통주&종가음식 문화대축전〉 전시

-2025년 9월 12일~14일: 〈2025 안동 전통주 박람회〉 전시

이와 같이 춘우재고택의 내림음식은 조상이 즐겨 먹어 온 음식을 소중히 여기며 정성을 기울여 이어 온 것으로 며느리들에게 자연스럽게 전승되어 왔다. 권창용 · 조동임 씨 부부는 봉제사 접빈객의 책무를 성실히 수행하는 과정에서 내림음식의 전통을 지켜오고 있다. 또한 이러한 내림음식의 전통은 고택 내에만 머무르지 않고 외부 활동을 통해서도 확장되고 있다.

조동임 씨는 경상북도 종부 모임인 경부회慶婦會 활동하고 있으며 작년까지 회장으로 활동하며 전통음식 보급과 전승에 힘썼다. 2008년부터 한국국학진흥원이 주관하는 종가포럼에도 꾸준히 참가해 춘우재고택의 내림음식을 선보이고 있다. 최근에는 '경북식품박람회', '안동 전통주박람회', '경북 전통주, 종가음식 문화대축전' 등 지역 내외의 여러 행사에 참여하면서 국화주와 봄비, 각종 내림음식으로 한 상을 차려 전시 · 홍보하는 데도 노력하고 있다. 아울러 2009년 이후로 여러 방송과 미디어를 통해 춘우재고택의 내림음식을 지속적으로 소개하며 대중적 관심을 높이는 데도 힘쓰고 있다. 이러한 대외적 활동을 통해 춘우재고택의 내림음식 문화가 고택에만 머무르지

않고 지역의 문화자원으로 확장되어, 그 가치를 널리 알리는 데도 기여할 것으로 본다.

참고 문헌

『규곤요람(閨壼要覽)』

『동국이상국집(東國李相國集)』

『동의보감(東醫寶鑑)』

『목은집(牧隱集)』

『세시기(歲時記)』

『안동권씨거창공계보(安東權氏 居昌公系譜)』

『윤씨음식법(尹氏飮食法)』

『주식시의(酒食是儀)』

『한양세시기(漢陽歲時記)』

『향약집성방(鄕藥集成方)』

국립민속박물관, 『조선대세시기 I 』, 민속원, 2003.

권의 · 권장 · 권심언 · 권욱 · 권담 · 권상달 · 권윤 · 권수원 지음, 곽민준 · 이지안 · 황윤정 옮김, 『花山世稿』, 한국국학진흥원, 2024.

김유 · 김령 지음, 윤숙경 옮김, 『수운잡방(需雲雜方)』, 신광출판사, 1998.

대구 · 경북향토사연구협의회, 『醴泉郡誌』 중권, 예천군, 2005.

배영동, 「경북의 술과 음식문화」, 『경북의 민속문화』 2, 국립민속박물관, 2009.

______, 「종가의 사당을 통해본 조상관」, 『한국민속학』 39, 한국민속학회, 2004.

배영동 · 박효진, 『안동지역 종가음식의 조리법과 문화』 제1권, 안동시, 안동종가음식산업화사업단, 안동대학교 산학협력단, 2015.

서명응 지음, 윤태순 · 홍영기 옮김, 『攷事十二集』 3, 농촌진흥청, 2012.

안동군, 『國譯 永嘉誌』, 영남사, 1991.

의성김씨 청계공파 종택 소장본, 『온주법』, 안동시 · 안동상공회의소 지식재산센터 · 의성김씨 청계공파 종택, 2012.

전순의 지음, 홍기용 · 윤태순 옮김, 『山家要錄』, 농촌진흥청, 2004.
주영하 외 지음, 『한식문화사전』, Humar&Books, 2024.
한국국학진흥원 · 영남유교문화진흥원 엮음, 『慶北儒學人物誌』上, 경상북도, 2008.
한국국학진흥원, 『안동권씨 춘우재고택』, 2014.
홍석모 지음, 정승모 옮김, 『동국세시기』, 풀빛, 2009.

경상북도, 〈경상북도 무형문화재 민속주〉 DVD 자료
문화체육관광부 · 경상북도 · 안동시 · 한국정신문화재단, 〈경북 종가 가양주 스트리북〉 자료

대전시립박물관 홈페이지(https://www.daejeon.go.kr)
조선시대 필사본 음식조리서의 용어 색인 DB 구축(http://ffr.krm.or.kr)
한국고전종합DB(https://db.itkc.or.kr)
한국민속대백과사전(https://folkency.nfm.go.kr)
한의학고전DB(https://mediclassics.kr)